利根川 裕太、佐藤 智 著
一般社団法人みんなのコード 監修

先生のための
小学校
プログラミング
教育
がよくわかる本

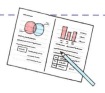

SE
SHOEISHA

推薦のことば
「プログラミング教育」の入り口に立っている皆様へ

鈴木寛 文部科学大臣補佐官・東京大学教授・慶應義塾大学教授

　2017年3月に公示された新しい小学校学習指導要領に「プログラミング」が盛り込まれました。多くの先生方には耳慣れない言葉でしょう。本書を手に取った保護者の方々も「小学校からプログラミング言語をどんどん教えるの?」と思われているかもしれません。

　目の前の子どもたちが活躍する時代は、人工知能（AI）の飛躍的進化などを背景としたSociety 5.0といわれています。しかし、浮き足立つ必要はありません。次代を切り拓くために求められている力は、しっかりした読解力や論理的思考に基づく「段取り力」といったベーシックな力。さらに、「魔法の箱」のような情報機器に人間としての意思を伝えるのがプログラミングという手法だという構造の理解です。

　これらこそ、2017年3月公示の学習指導要領で重視している「プログラミング的思考」にほかなりません。その育成のためのアイディアがたくさんつまった本書は、いわば未来社会へのパスウェイ（経路）。教育に携わる多くの方に本書を使いこなしていただくことを切望しています。

謝辞

　本書刊行にあたり、すばらしい後押しのお言葉をいただいた文部科学大臣補佐官 鈴木寛さま、文部科学省 初等中等教育局教育課程課長 合田哲雄さま、巻頭インタビューでお話を伺った文部科学省 教育課程企画室長（取材当時。現・大学入試センター審議役）大杉住子さま、お忙しい中、誠にありがとうございました。

　そして、第4章で実践を掲載させていただきました藤原晴佳先生（古河市立大和田小学校）、竹谷正明先生（取材当時、狛江市立狛江第五小学校）、菊地寛先生（取材当時、浜松市立三ヶ日西小学校）、金川弘希先生（大阪市立苗代小学校）、綿引一夫先生・向井崇博先生（学校法人神奈川学園 精華小学校）、鷲見辰美先生（筑波大学附属小学校）、山井聡先生（取材当時、加賀市立作見小学校）、ご指導の合間を縫ってご協力いただきましたこと感謝申し上げます。

　また、第5章でお話を伺いました加賀市市長 宮元陸さま、戸田市教育委員会教育長 戸ヶ﨑勤さま、古河市教育委員会指導課長（取材当時）平井聡一郎さま、杉並区立天沼小学校校長 福田晴一先生、小金井市立前原小学校校長 松田孝先生、たいへんお世話になりました。

　さらに、今回本書で取り上げることは叶いませんでしたが、日々、学校現場で子どものために奮闘していらっしゃる多くの先生方、教育行政の外から学校でのプログラミング教育や「みんなのコード」の活動をいつも応援してくださっている皆様、たくさんの知見をいただきましてありがとうございます。ぜひ、お会いしたときに本書の感想を教えてください。

　最後に、本書が教育に携わる多くの方々の一助になれば幸いです。

利根川裕太・佐藤智

　この本を手に取っていただき、ありがとうございます。本を開いてくださったみなさんは、少なからず小学校におけるプログラミング必修化について関心を寄せていることでしょう。本書は、「一般社団法人みんなのコード」代表・利根川裕太と教育ライターの佐藤智で書きました。

　利根川は、これまで多くの小学校でプログラミング教育についての研修や実践サポートを行ってきました。そして、「小学校段階における論理的思考力や創造性、問題解決能力等の育成とプログラミング教育に関する有識者会議」の委員として政府にも招聘されています。また、前職ではプログラミングのプロであり、それをどう日本で教育化できるかを考え続けてきた立場にあります。

　かたや、佐藤は先生の言葉を代弁し、学校教育をメインのフィールドとしてきたライターです。しかし、プログラミングはまるで素人。そこで、実際にゼロからプログラミング教育をする先生の目線に立てる強みを大事にし、利根川や登場いただいた先生方の話の中にある、こまかな引っかかりを逃さずに執筆に当たりました。

　そのため本著は、

- 「パソコンすら苦手なのに、プログラミングを子どもたちに教えるなんてどうしたらいいの！」と不安を抱えている小学校の先生方
- 「2020年までになんとか学校や地域でプログラミング教育ができる環境を整えたい」と考えている教育行政の方
- 「うちの子の学校でもプログラミング教育が始まるみたいだけれど、どんなことをするの？」と興味を持っている保護者の方

など、広く読んでいただけるプログラミング教育の入門書となっています。

　この本には、難しいプログラミングコードも専門用語も出てきません。読者の方が「わからない」と感じる部分は1つもない。そんな一冊を目指したからです。

　実際にプログラミング教育は、みなさんが思っているよりもずっとわかりやすく簡単なものです。本著で、ベースとなる考え方とアレンジの効く授業法さえ知ってしまえば、必ず実践することができます。そして、一度試せば子どもが夢中になって学ぶ姿にきっと驚くはずです。

　プログラミングは、これからの社会に必須の素地となります。本書を、子どもたちにこれからの社会を生き抜く力をつけるためのスタートブックとしてご活用いただけると幸いです。

利根川裕太・佐藤智

　「プログラミング教育をどこから始めればよいかわからない」、そんな先生方からの相談を受けることは少なくありません。本書は、そうした不安を確実に摘み取っていくことができるつくりとしました。最初のページから順番にお読みいただいてもよいですし、気になるページから興味のおもむくままに読んでいただいても大丈夫です。
　それでは、各章の構成をご紹介しましょう！

第1章　コンピュータとプログラミング

「コンピュータとはそもそも何か」という基本的な話をお伝えしていきます。そして、なぜ今プログラミング教育が必要とされるようになったのかについて社会的な背景に迫ります。第4次産業革命と呼ばれるAIの進化によってどのようなことが起こりうるのか、さらに、日本はその時代の流れにどう対応していくべきなのかを紐解いていきます。

第2章　プログラミング教育が目指すもの

プログラミングが教養として必要とされる社会において、日本はどのような教育方針でプログラミング教育を実施しようとしているのかを確認します。多くの先生方から質問をいただくプログラミング的思考とは何か、プログラミングでどのような社会的課題を解決できるかなどを、具体例を挙げて紹介していきます。

第3章　小学校でプログラミング教育を実施するポイント

実際に小学校現場ではどのようなプログラミング教育が求められているのかを解説します。教科への落とし込み方や、プログラミング教育の効果と注意点、そして多くの先生方が気にしていらっしゃる評価の部分などについて見ていきます。

第4章　プログラミング教育の授業実践例

現場の先生方のプログラミング教育の授業実践を紹介する章です。国語、算数、理科、外国語活動、総合的な学習の時間、そしてプログラミング特別授業と、多くの先生方が取り組みやすいよう、幅広く紹介しています。ご自身の専門教科からチェックするのもよいでしょうし、プログラミングとの相性がよさそうな教科から見るのもよいでしょう。

第5章 新たな取り組みを始めるために〜先人の経験に学ぶ

地方自治体行政、教育委員会、そして学校長の立場から、どのようにプログラミング教育を整備していけばよいのか、先進的に取り組んでいる方々に話を伺ってまとめた章です。同じ立場の方は、その考え方や整備方法の中から、具体的な手立てが見出せるはずです。また、現場の先生方にとっても直轄の決定機関がどのように考えているかを知ることで、心積もりなどできることがあるはずです。

自分とは違う立場の人がどのように考え、どうプログラミング教育の実践をしているのかを知ることで、理解が深まります。小学校の先生方は、**第5章**の教育委員会や校長先生のお話に目を通していただき、教育委員会・校長先生はぜひ**第4章**から現場の先生方の実践を知ってください。

付録

最後に、教材一覧と学習指導要領・解説の抜粋を資料としてつけました。「プログラミング教育をしよう」と思い立った際に、この教材一覧は非常に有益なはずです。

　この本は、あくまでも読者の方の実践への第一歩です。先生であれば、本書での学びをぜひ授業に生かしてください。クラスの子どもたちへ実践すると、新たな気づきが得られるはずです。校長先生であれば、さっそく校内研修の準備を始めたり、学校の核となる先生に声を掛けたりしていただきたいと思います。実際に動き出す中で、本で得たものよりももっと多くの学びが得られるはずです。

　そして、この本をきっかけにぜひ周囲に、プログラミング教育を広めていく役割を担ってください。難しいことは何もありません。この本を隣の先生に渡すだけでもよいのです。それだけでも、1人で足踏みしていた先生の背中を押すことになります。

　また、プログラミング教育について悩むことがあれば、他の先生や外部の機関とつながり、対話を重ねていきましょう。実際に、プログラミング教育を実践している先生の授業を見にいくのも1つですね。1人で閉じこもっていては、なかなか道は拓けません。プログラミング教育はすべての先生にとって新たなチャレンジです。周囲と共に授業力を伸ばすイメージを持って、授業研究を進めてください。

目次 先生のための小学校プログラミング教育がよくわかる本

推薦のことば　2
はじめに　3
本書の使い方　4

● 文部科学省教育課程課インタビュー
プログラミング教育に込めた意味―未来の創り手となるために必要な力の育成　8
資料 今後の学習指導要領改訂に関するスケジュール　15

第1章　コンピュータとプログラミング …… 16
コンピュータとは何か？　18
コンピュータの動きを決めるプログラミング　19
目覚ましい進歩を遂げるコンピュータ　20

第2章　プログラミング教育が目指すもの …… 22
日本社会をあげて必要となったプログラミング教育　24
クラスの半分がコンピュータにより仕事がなくなる!?　24
資料 第4次産業革命に向けた人材育成総合イニシアチブ　25
なぜ学校現場にプログラミング教育が必要か？　26
資料 小学校段階におけるプログラミング教育の在り方について（議論の取りまとめ）　27
小学校に求められる「プログラミング的思考」の育成　28
「みんなのコード」の考える、小学校でプログラミング教育を行う意義　30
プログラミングが解決する社会的課題　31
経験から語るプログラミングの必要性　33

第3章　小学校でプログラミング教育を実施するポイント …… 34
小学校現場に求められるプログラミング教育　36
どのような教科に盛り込むか？　37
　　導入しやすい教科など　37
　　　算数　38／理科　38／総合的な学習の時間　38／その他　39
どの学年に盛り込むか？　39
プログラミング教育の効果　40
　　児童への効果　41
　　教師への効果　42
プログラミング教育を行う上での注意点　42
　　1. 先生が教えようとしない　42
　　2. 子どもが集中しすぎて疲れたときには、リフレッシュさせる　42
　　3. 先生も新しいことを一緒に楽しむ　43
プログラミング教育における評価　43
プログラミング教育導入と本格化に向けた学校長の役割　44
プログラミング教育普及に向けた教育委員会の役割　45

第4章　プログラミング教育の授業実践例 …… 46
［事例1］**国語** 茨城県・古河市立大和田小学校　48
　　　　時系列に物事を整理するプログラミング的思考で作文の力を上げる
［事例2］**算数** 東京都・狛江市立狛江第五小学校　54
　　　　「正多角形の角」の理解のためにプログラミング教育を掛け合わせる

[事例3] 算数　静岡県・浜松市立三ヶ日西小学校　60
　　　　授業目標に合うプログラミング教材で倍数の理解を深める
[事例4] 理科　大阪府・大阪市立苗代小学校　66
　　　　アクティブ・ラーニングとプログラミングで理科の実験を実施
[事例5] 特別授業・外国語活動（英語）　学校法人神奈川学園　精華小学校　72
　　　　英語×プログラミングの授業で効率的・効果的に児童の理解を促す
[事例6] 総合的な学習の時間　東京都・筑波大学附属小学校　78
　　　　地震の知識を見える化する発展的授業で子どもの理解が深まる
[事例7] プログラミング特別講座　石川県・加賀市立作見小学校　84
　　　　"プログラミングとは何か"を児童に体験させるオフラインの授業

第5章　新たな取り組みを始めるために～先人の経験に学ぶ……… 90

[事例1] 自治体　石川県・加賀市　92
　　　　「ロボレーブ」の大会でプログラミングの可能性を実感　92
　　　　プログラミングを地域人材育成の柱に据える　94
　　　　小中学校でプログラミング教育を同時に実施する　95
　　　　プログラミング特別授業内容　95
　　　　学校が自走していける仕組みを市が全面サポート　95
　　　　加賀市のプログラミング教育導入ステップ　97
[事例2] 教育委員会　埼玉県・戸田市　98
　　　　戸田市教育委員会の2本の柱へ込めた思い　99
　　　　例外なき授業改革を実現する　100
　　　　「総合的な学習の時間」でプログラミングと経済教育を展開　100
　　　　プログラミング教育を普及させるための3つの土台　101
　　　　プログラミングをカリキュラム・マネジメントの起爆剤にする　102
[事例3] 教育委員会　茨城県・古河市　104
　　　　社会変化から見るプログラミングの必要性　105
　　　　学校のプログラミング教材の適性を見極める　106
　　　　教科の中でのプログラミング導入方法　106
　　　　プログラミング教育の重要ポイント　107
　　　　2020年に向けたプログラミング教育実施計画　108
[事例4] 学校長　東京都・杉並区立天沼小学校　110
　　　　学校へのプログラミング導入方法　110
　　　　アンプラグドから実際のプログラミングにつなげる授業実践　112
　　　　プログラミングと情報モラルを教育の両輪に　113
　　　　先生・子どもたちが自然に学ぶ土壌をつくることが重要　114
　　　　自分自身で触ってみる、校長会での巻き込みなどが校長としての役割　116
[事例5] 学校長　東京都・小金井市立前原小学校　118
　　　　プログラミング教育に込めた思い　118
　　　　保護者からの反応　120
　　　　学校にプログラミング教育を広めるために行ったこと　121
　　　　実践してみて気づく課題　123
　　　　プログラミング教育の教科導入に向けて　123
　　　　これからのプログラミング教育の役割　124

付録A　プログラミング教材一覧　126
付録B　新小学校学習指導要領と解説 [抜粋]——プログラミング教育の位置付け　138
著者・監修紹介　152

文部科学省
教育課程課
インタビュー

プログラミング教育に込めた意味
―― 未来の創り手となるために必要な力の育成

文部科学省 大杉住子 教育課程企画室長（取材当時。現在は大学入試センター審議役）に、「みんなのコード」利根川裕太がプログラミング教育導入についての背景やイメージについて話を伺いました。2020年の全面実施に向けて、学校や教育委員会が踏まえておきたいこととは何かを紐解いていきます。

プログラミング教育導入の背景

文部科学省でプログラミング教育について検討が始まったのはどのくらいからですか？

大杉――「今回改訂の過程で突然議論が浮上した」という印象をお持ちの方もいらっしゃるかもしれませんが、さかのぼれば、昭和45年に告示された高等学校学習指導要領の中で、数学科の選択履修の項目としてプログラミングが盛り込まれています。平成元年には、中学校の技術・家庭科の技術分野における選択項目として、簡単なプログラムの作成が盛り込まれました。

このように選択項目として取り扱われてきたプログラミングが、すべての子どもたちが学ぶもの

文部科学省
教育課程課
インタビュー

プログラミング教育に込めた意味
——未来の創り手となるために必要な力の育成

となったのは、平成20年に告示された現行の中学校学習指導要領からです。

プログラミングをすべての子どもに学ばせていこうという方向性になった背景には、何があったのでしょうか？

大杉——平成20年の告示に向けた議論では、新しい知識・情報・技術があらゆる領域で重要性を増す、いわゆる「知識基盤社会」を迎えるという時代認識の中で、すべての子どもたちが共通に学ぶべき事項が整理されました。

　平成26年11月に文部科学大臣の諮問で議論がスタートした今回の改訂では、平成20年告示の議論を受け継ぎながら、技術革新など様々な変化のスピードが加速化する中、予測困難な社会の中でクリエイティブに生きていく、自ら価値を生み出し未来を創り出していく力を養うことがますます重要になるという認識で一致しました。そのためには、身近な生活や社会と、コンピュータをはじめとする様々な技術とのつながりを理解しながら、これからの人生や社会の在り方を考えられるようにしていくことが重要になります。このために必要な教育について、中学校の技術・家庭科の技術分野や高等学校情報科における学習の現状を踏まえながら、どのように充実を図っていくかが課題となりました。

プログラミングがどのように盛り込まれるかという方向性は、すんなり決定したのですか？

大杉——中学校では、現代における情報技術の活用の在り方を踏まえ、プログラムによる計測・制御のみならずネットワークを利用したコンテンツについても学べるようにし、プログラミングに関する内容項目を倍にするということと、高校では情報科に共通必履修科目を設置し、すべての高校生がプログラミングを学べるようにしていこうという方針は比較的初期に決まりました。

　一方で小学校については、小学校段階におけるプログラミング教育とはどういった内容で、どのような力を育むことをねらいとするのか、なぜ小学校段階で必要なのかといった、プログラミング教育の本質にかかわる認識を共有していくことから始めることが必要であり、様々な意見が出されました。必要な議論を整理するため、「小学校段階における論理的思考力や創造性、問題解決能力等の育成とプログラミング教育に関する有識者会議」を設置し、集中的に議論いただきました。議論が大きく動いた背景には、人工知能が急速に進化し、ディープラーニングを通じて学習をするという時代になる中で、人間はなぜ学ぶのか、教育は人間のどのような力を磨いていくべきなのかという、学習や知識に関する議論が展開され、その文脈の中でプログラミング教育の必要性が議論されたことがあります。第4次産業革命とも言われる技術革新がハイスピードで進む中、人間ならではの感性を働かせながら、多様な人々と協働して、これからの人生や社会の在り方について方向性を見いだし、それを実現するために技術を活用できる存在になっていくこと。そのためには、身近な生活の中で気づきを得て学んでいく小学校段階から、生活や社会におけるプログラミングの意義を知り、コンピュータに触れながらプログラミング的思考を身につけていくことが必要だという認識が関係者にも広がっていきました。こうして、小中高を通して、発達の段階に応じたプログラミング教育を盛り込んでいこうという方向性が示されたのです。

社会的な要請に鑑みて、小中高にわたりプログラミング教育を導入することが決定したのですか？

大杉——学校教育と社会とのつながりを見通しながら、社会的な要請を見据えて改善を図ることが重要であるのはその通りです。ただ、目の前で起きている社会的変化に学校が追随するというのではなく、子どもたちが社会に出て活躍する将来に向けた変化を見据えながら、学校教育の在り方は考えられていくべきではないでしょうか。社会的な変化に受け身になるのではなく、むしろ学校教育の側が、子どもたちの成長を通じて、これからの社会の在り方に影響を与えているのだという認識のもとに、よりよい学校教育とよりよい社会の在り方をすべての大人たちが考えていくというこ

とが重要だと思うのです。

　プログラミング教育も、特定の職業に求められるスキルということを越えて、技術革新の影響があらゆる分野に及ぶ将来の社会で活躍する子どもたちにプログラミング的思考を育むという視点が欠かせません。これからの人生や社会をよりよくしていくツールとしてプログラミングを生かしていってほしいと思っています。

プログラミング教育の授業への導入方法

実際に小学校現場でどのようにプログラミング教育が導入されていけばよいと考えていますか？

大杉──小学校段階からすべての子どもたちが、専門的なプログラミング言語を繰り返し訓練するような学習は必要ないだろうと考えています。プログラマーなどの仕事に興味のある子どもたち向けには、民間主体の課外学習などを通じて、専門的なことにも触れ、それぞれの持ち味を伸ばしていけるチャンスがあればよいなと思います。

　学校教育を通じて身につけることとしては、身近な生活や社会の中でプログラミングが活用されているということを理解することと、プログラミング的思考、つまり、自分が意図する一連の活動を実現するために、どのような動きの組み合わせが必要であり、1つひとつの動きに対応した記号を、どのように組み合わせたらよいのか、記号の組み合わせをどのように改善していけば、より意図した活動に近づくのか、といったことを論理的に考えていく力です。こうした理解や力を、コンピュータに触れながら身につけていくことが重要だと考えています。

どのような授業教育イメージをお持ちですか？

大杉──例えば、子どもの身近なところにあるものから、プログラミングの存在を想起できるようになればよいと考えています。「みんなのコード」が多くの学校で実践されているような、自動販売機やお掃除ロボットなど、子どもたちにとって身近な機械が魔法の箱ではなく、プログラミングで動いているのだということをまず知る。その上で、自分が実現したいと考えるものの動きは、どのような組み合わせで成立するのかを構想し、改善しながら、プログラミング自体に触れ、プログラミング的な思考を身につけていくことなどは、小学生の学習として理想的な流れではないでしょうか。

　将来どのような職業に就くかにかかわらず、また、今後どのようにプログラミング言語が進化し変化しようとも、将来生かせる力を育むのが学校教育であると考えています。具体的にプログラミングしてみる体験の中で身につく、ある一定の動きの要素をしっかり考え、組み立てて改善していく力に目を向けて伸ばしていくことが重要ではないでしょうか。そうした意味で、今回の学習指導要領全体では、「何を学ぶか」のみならず「何ができるようになるか」に着目した改訂が行われていますが、プログラミングについても、それを学びながら「何ができるようになるか」を実現していくという点で、改訂全体の考え方につながっているものと考えることができるでしょう。

どんな職業に就いても必要となる素養を子どもたちが身につけていくことを目的としているのですね。実際に、教科にはどのように落とし込んでいけばよいのでしょうか？

大杉──「教科等の本質的な学び」と「プログラミング教育の本質的な学び」がつながっていなければいけないと思っています。

そう考えると、仮の話ですが、万が一体育でプログラミングを取り入れようとしても、体育の本質は運動やスポーツをすることや見ることの価値や楽しさを実感するということなので、それをコンピュータに代替させることはできないという話になるでしょう。また、国語でも論理的思考を育むという意味ではプログラミングとつながってくるかもしれませんが、自分の思いや考えを自ら言葉で組み立てていくことを教科の本質としているので、そこをコンピュータに代替させてよいのかという疑問が生まれます。このように、教科によっては、プログラミング教育そのものを実施するのではなくて、教育課程全体の中で関連づけることで教育の相乗効果を高めていく実施の仕方がふさわしいものもあるでしょう。

教科が目指すところと、プログラミング教育の目的が合致しなければ教科に取り入れにくいということですね。どういった教科に取り入れやすいとお考えですか？

大杉——アメリカでSTEM（ステム）（Science, Technology, Engineering and Math）教育として、理数教育と技術に関する教育が一体的に推進されています。同様の考え方に立ち、理数教育の中でプログラミング教育の充実を図ることは有用ではないかと考えています。

例えば、理科の物質・エネルギーに関する内容で、電気の性質や働きを利用した道具があることを捉える学習の中で、道具が動作する条件がプログラミングにより与えられているのを理解することは、理科の本質にもプログラミングの本質にもかなうものでしょう。算数でも、正多角形の作図を繰り返し正確に行うためにプログラミングを活用することなどは、教科の目指す方向性と合致します。「総合的な学習の時間」における情報に関する学習の分野としても、プログラミングを体験することを探究的な学習の過程に位置づけながら実施できますね。

私もコンピュータには、いろいろな教科科目と一緒に学ぶことができる性質があると思います。ただ、プログラミング教育の取り入れ方として、どういったものがふさわしいかどうかは現場の先生方にはわかりにくいでしょう。参考になるような指標などはありますか？

大杉——すべての小学校の先生に一から授業や単元を開発していただくのは、ハードルが高いと認識しています。そこで、教科書を通じて授業のイメージ作りや準備をしてもらえるよう、算数・理科についてはプログラミング教育を行う単元を教科書に位置づけることが、検定基準に明記されることになりました。また、2020年までに全国の指導事例を蓄積していき、随時共有していきたいと考えています。

プログラミング的思考とは何か？

今回の改訂でのプログラミング教育は、プログラミング的思考を養うことを目標としていますが、具体的にプログラミング的思考とはどういったものでしょうか？

大杉——自分が意図する一連の活動を実現するために、どのような動きの組み合わせが必要であり、1つひとつの動きに対応した記号を、どう組み合わせたらよいのか、そして、記号の組み合わせを

どうやって改善していけば、より意図した活動に近づくのか、といったことを論理的に考えていく力です。「順次」「分岐」「繰り返し」などのプログラミングを支える要素は、楽譜など学校教育のいろいろな場面で出会うものです。

　また、例えば理科の学習では、仮説を立てて実験を通じて検証し、振り返って次に生かしていく思考が育まれています。算数・数学の学習では、日常の複雑な出来事を、数や式、図形などに置き換えてシンプルかつ論理的に考えられるようにしています。こうした思考は、プログラミング的思考につながるものです。

　日常の学習で育まれている思考を基礎としながら、コンピュータを使ってプログラミングを体験し、「うまく組み合わせたと思っていたのに予想通りに動かなかった、次こそは」と工夫することを積み重ねていくことで、事柄のつながりや論理性が確認され、より思考が鍛えられていくことになります。

ただパソコンを触ればよいなど"型通り"になぞるだけでなく、プログラミング的思考をきちんと身につけるためには、どういったことがポイントになりますか？

大杉──「主体的・対話的で深い学び」の実現を図る中でプログラミング教育を実施していくことがポイントになります。プログラミングのツールを使いながら、粘り強く工夫・改善を重ねる主体的な学びや、クラスメイトが組み立てたものと比較して考えを広げる対話的な学び、学んだことを問題の解決に生かす深い学びの実現に取り組むことが、必要な力の育成につながるのです。

小学校でのプログラミングだけでは、当然限界もあると思います。その先は中学校、高校とどのように学んでいけばよいのでしょうか？

大杉──中学校では、計測・制御のシステムや双方向性のあるコンテンツについて学ぶ中で簡単なプログラムを作成できるようにすること、高校では、コンピュータの働きを科学的に理解し、実際の問題解決にコンピュータを活用できるようにすることというように、より専門性の高い学習内容となっていきます。また、今回の改訂では「社会に開かれた教育課程」が重視されているように、学校教育で学ぶきっかけを作った上で、地域や社会に用意されている多様な学習機会につなげていくことも大事です。民間や地域の学習プログラムと連携・協働し、横並びではなく、興味がある子はどんどん学んでいくことができるようなチャンスを広げていくため、官民参加による協力体制づくりが進められています。

プログラミング教育とこれまでの情報教育の関係性

これまで学校では情報教育という切り口でコンピュータを扱ってきました。今回のプログラミング教育は、その流れとはまったく別のものになるのでしょうか？

大杉──まったく別の流れということではなく、学習や生活のあらゆる場面でコンピュータに触れる機会が増えていく中、子どもたちが育むべき力は何だろうという議論の中で充実が図られてきているといえます。

　現在私たちの生活には、パソコンがあることが当たり前になり、情報の収集や資料作成、チームでの意思形成においても、コンピュータがますます欠かせなくなっています。これからの社会を生きていく子どもたちには、コンピュータの仕組みや使い方を知ることは必須です。子どもたちが生活の大半を過ごす場である学校でも、コンピュータに触れ、子どもが使いたいと思ったときに使える環境を用意し、プログラミングやコンピュータを自分の目的のために使いこなせる力を育んでいくことがますます重要になるでしょう。

そうですね。情報教育とプログラミングは、コンピュータを思う通りに動かしていくという点で必要不可欠ですね。

大杉──はい。情報や情報機器を活用するために必要な能力、いわゆる情報活用能力が、小学校か

ら中学校、高校に学びをつなぐ中で育まれていくように充実が図られていく予定です。特に高校では、学びの共通性と多様性を意識する必要があります。社会で共通に求められる情報活用能力を育むとともに、コンピュータやプログラミングの仕事に就くことを目指す高校生には、専門的な知識や技能を高めていくことが重要でしょう。

今回改訂された学習指導要領は、「学びの地図」となることを目指して作られました。「小学校段階でどうするか」「中学校ではどうするか」といったバラバラの議論ではなく、幼児期から高校までだけでなく、大学教育や社会とのつながりまでも見通しながら、子どもたちが発達の段階に応じてどのような力を身につけていくかを共有していくことが重視されています。

この「学びの地図」を生かすことで、情報活用能力を小中高にわたり体系立てて育んでいけるようになることが期待されています。

教科が面白くなるエッセンスとしてプログラミングを活用

プログラミングを授業に取り入れる際には、どのような工夫が必要でしょうか？

大杉──プログラミングに取り組む子どもの姿からは、コンピュータに触れることや、考えた動きが現実になることなどを楽しんでいる様子が感じられます。その「楽しい」を学習の動機づけとして生かしていくことが重要だと思います。課題そのものへの興味が学習への動機づけとなることは、内発的動機づけといわれ、学習成果にもつながりやすいと考えられます。そうした子どもたちの意欲を引き出す可能性が、プログラミングの学習には秘められているということを認識しながら、生活や社会とのつながりを気づかせる場面や、ただ楽しいだけに終わらせずに理解を深める場面を組み立てるなどして、単元に位置づけていくとよいのではないでしょうか。こうしたことは、これまで各教科の授業において題材をどう生かすか、先生方が工夫されてきたことの蓄積を活用し

て対応していけるものだと考えています。

「楽しい」を大切にして、プログラミングを教科に導入していきたいですね。

大杉──あらかじめ決められたプログラムをなぞることに評価が向いてしまうと、子どもたちが夢中になるような楽しさが失われてしまうかもしれません。単元のねらいの中で、子ども自身がどのような動きにしたいかを考え創意工夫できるような活動を取り入れていくことが重要です。

プログラミング教育全面実施に向けた準備

学習指導要領の改訂では、「社会に開かれた教育課程」が目指すべき理念として謳われました。これはプログラミング教育と関連しますか？

大杉──はい、大きく関係すると思っています。

プログラミングが社会の中でどう活用されているかということは、教員だけでは語りにくいところもあります。実際に社会で活躍されている方々ならば、リアリティを持って話していただけるはずです。「社会に開かれた教育課程」を合言葉に、地域の方々に協力していただくことで、プログラミングを学ぶことが社会とどうつながるのかを子どもたちに実感として感じてもらえるのではないかと思っています。

外部講師と協力しながらプログラミング教育を行う場合、一般的に考えると、プログラミングを教えるところを外部講師に委ねて、社会における意義を教員が語るという分担になりそうですよね。しかし、教科とのつながりの深いプログラミ

ング的思考を育む部分を教員が担い、外部講師にリアリティを持ってプログラミングと社会の関係性について語ってもらうほうが効果的かもしれない、などという議論もしているところです。

外部の力をうまく活用することがポイントになりますね。
さらに、学校の環境にもばらつきがある中で、どのようにプログラミング教育を実施していけばよいのでしょうか？

大杉――もちろん、子どもたちが学習上使いたいときにコンピュータを使えるように、ICT環境の整備を進めていくことが大前提ですが、今の環境では何もできないということではなく、優れた効果を出せることもあると思うのです。

授業の達人と言われる先生方が、各学校に整備されたICTをどのようにフル活用して、子どもの学びの流れを途切れさせずに、学習の質を高めているか。文部科学省でも、そうした先生方にも加わっていただいて、これからのプログラミング教育やICT活用の在り方を議論することとしています。

必要な分だけICTを導入するとして、教育委員会もそろそろ準備は整えていきたいところですよね。次年度の予算は、早め早めに組むものなので、プログラミングに必要な予算の枠はしっかり考えてもらう必要はあるのではないですか？

大杉――文部科学省では、次期の教育振興基本計画の策定に向けて、次の学習指導要領で求められる学校のICT環境整備の在り方を議論しているところです。そうした検討の状況を踏まえながら、各地域での整備の在り方の精査をしていくことが求められます。また、各学校では自校の教育目標を明確にしながら、その実現のために必要な教育課程や物的・人的資源の在り方を考える「カリキュラム・マネジメント」の中で検討を始めていただければと考えています。

管理職の先生方の準備として、他に求められることはどういったことでしょうか？

大杉――情報教育の調査研究を実施している学校は、先端的な実践を重ねていただくとともに、地域創生という観点から、子どもたちが活躍することになるその場所でどのような人材が求められていくのかにもぜひ思いをはせてみてください。

また、地域との連携・協働という観点からは、学校のグランドデザインや学校経営計画という形で、学校の教育方針を共有されていると思いますが、プログラミング教育の意義について、関係者の理解を深めていくことも重要です。なぜ学校でプログラミング教育を行うのか、その背景を理解することは、アクティブ・ラーニングの重要性やICT環境の整備、情報モラルの問題など、学校が取り組むべき諸課題に関する地域や家庭の理解を深めることにもつながると思います。こうした理解を進めるための舵取りが管理職に期待されています。

現場の先生方がプログラミング教育実践への第一歩として取り組めることとはどんなことでしょうか？

大杉――イメージをつかむためには、中学校技術・家庭科の技術分野でどのようなプログラミング教育が行われているのかを見ていただくのがよいでしょう。

先ほど申し上げました通り、教科書がプログラミング教育に対応したものになりますので、その教材研究を行うことが早道ですが、あわせて、Scratch（スクラッチ）などの無料ツールを試しながら、自分自身がプログラミングをまずやってみることが欠かせないでしょう。さらに、身近な生活の中でプログラミングが何に生きているかという視点で見まわしてみると、授業のヒントが隠さ

れているかもしれません。

次期学習指導要領に基づく実際の授業は、2020年からの開始となります。それまでの移行期間中は、小学校はおそらく外国語教育の教科化などに向けた準備に追われておられると思います。プログラミング教育は、現在実施されている理科や算数といった教科や情報に関する学習とのつながりの先で実施されるものですので、少しずつ準備を始めていただきたいと思います。また、コンピュータクラブの活動でトライしてみるなどの方法も考えられますね。

文部科学省では今後どのようなステップでプログラミング教育実施の準備を進めていく予定ですか？

大杉──各学校では、教科書や様々な実践事例を手がかりにしながら、プログラミング教育を行う単元を教育課程に位置づけていくことになります。現在、官と民の関係者が連携しながら、教科等別の参考事例を提示できるよう準備を進めているところです。また、調査研究校などにおける実践事例を広く共有していく予定です。各学校では、2019年までに計画的に準備を進めてもらい、2020年からの実施に備えていただくことになりますが、そのために必要なツールをしっかりと提供していきたいと考えています。

こうした多様な関係者の協力の下実現されるプログラミング教育は、学校教育で扱われる1つの内容を超えて、これからの学校教育に何が求められるのか、今回なぜ学習指導要領を改訂するのか、なぜ「社会に開かれた教育課程」が理念とされたのかなどの議論が凝縮された大きな意義を持つものだと思います。

そうですね、プログラミングは小・中・高のつながりや教科横断的学習を実現していく切り口になると思っています。そして、次期学習指導要領を紐解くポイントにもなるでしょう。
本日は、どうもありがとうございました。

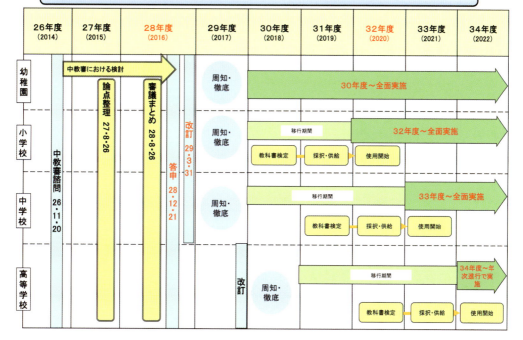

出典：文部科学省資料（http://www.mext.go.jp/a_menu/shotou/new-cs/__icsFiles/afieldfile/2017/05/12/1384662_1_1.pdf）

第 1 章
コンピュータとプログラミング

　「コンピュータで便利になった！」、そんなふうに思っている方は多いでしょう。スマートフォンがない時代にどうやって待ち合わせしていたのか、パソコンがない時代にどのように配布資料を作っていたのか……、以前の手間を考えるとゾッとするという方もいるかもしれません。

　みなさんが実感している通り、現代社会はコンピュータの登場により確実に便利になりました。プログラミングはそうしたコンピュータを生かすための命令であり、社会を支える基盤です。

　第1章では、大前提となるプログラミングとコンピュータの関係性や、実際にどのように社会で生かされているのかを見ていきましょう。

- コンピュータとは何か？
- コンピュータの動きを決めるプログラミング
- 目覚ましい進歩を遂げるコンピュータ

コンピュータとは何か？

　毎日パソコンに触れて仕事をすることやスマートフォンで連絡を取り合うことは、今では一般的になりました。私たちの非常に身近なところに、コンピュータは存在するようになっています。

　しかし、「コンピュータとは何か？」とあらためて問われると、困ってしまう方が少なくないのではないでしょうか。

　実は、パソコンやタブレットなどのわかりやすいICTツールだけではなく、

　　テレビも、
　　冷蔵庫も、
　　エアコンも
　　自動車も、
　　電車も、

すべてコンピュータで動いています。

　つまり、コンピュータは私たちのくらしに「なくてはならないもの」となっています。現代日本では、コンピュータのないくらしは考えにくいというところにまできています。

　しかし、それほどまでに身近になったコンピュータですが、その性質を知っているのはごく限られた人にとどまっています。

生活の中にあるいろいろなコンピュータ
パソコン、タブレットだけではなく、私たちのくらしを便利にしている。家の中を見渡すと・・・家の外でも。

コンピュータの動きを決める
プログラミング

　コンピュータは、どのように動いているのでしょうか。みなさん、考えたことはありますか？
　当然のことながら、コンピュータ自身が考えて動いているわけではありません。人間が考えて、命令を作り、それに基づいてコンピュータは動いています。
　そして、その命令のことを「プログラム」、プログラムを作ることを「プログラミング」といいます。

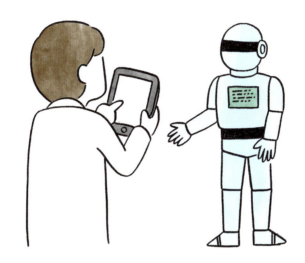

人間が作るソフトウェアの命令（プログラム）で動く

　コンピュータを使っていて、「便利だな」「効率的だな」と感じるのは、このプログラムがあるからです。プログラムが、コンピュータに「こう動きなさい」と指示を出しています。この指示・命令があるからこそ、コンピュータが人々にとって便利で効率的なツールとなっているのです。
　このようにコンピュータは、とても命令に忠実だという特性があります。人間と違い、あらかじめ決められたことを間違えず嫌にならず繰り返すことが得意なのです。
　そのため、プログラマーと呼ばれる"プロ"が間違いのないよう、専門性を活かしてプログラミングを行い、プログラムを作成しています。しかし、コンピュータがどんどん身近になるにつれ、年々プログラミングによるプログラムの作り方は簡単になっていきました。
　以前は人間がコンピュータに歩みより、コンピュータがそのまま理解できるように難解なプログラミング言語を覚え、コンピュータの処理の仕方を理解し、コンピュータが計算できるように準備をしなければいけませんでした。しかし今はコンピュータの性能やプログラミング言

語の進化により、コンピュータのCPU、メモリなど細かいことを理解していなくても、人間の考え方に沿ってプログラミングができるよう整備されています。

さらに、「ビジュアルプログラミング」という学習者向けのプログラミングも開発されました。これを使えば、コード（テキスト）のタイピングが不要であったり、プログラミング環境が日本語化されていたりするので、プログラミングの敷居がだいぶ低くなってきています。

プログラミング言語によるテキストプログラミングと、ビジュアルプログラミングの比較イメージ

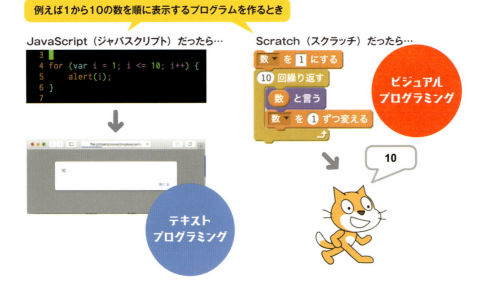

このようなプログラミングを取り巻く環境の進化により、プログラミングのハードルが大きく下がり、小学生や高齢者がアプリを作成・公開する事例なども出てきました。プログラミングそのもののハードルが下がると相対的に重要になるのは、「何をコンピュータで解決するのか？」という主題の部分です。また、コンピュータのように課題解決方法を考えるプログラミング的思考は、個別のプログラミングスキルの流行り廃りと関係なく重要であり続けます。

目覚ましい進歩を遂げるコンピュータ

ITの進化が非常に速いことは、みなさん体感してはいるでしょう。では、その「速い」というのはどの程度だと思いますか？

というのも、一般の方が予測しているよりも何倍ものスピードで進化を遂げているのがITの世界だからです。具体的にいうと、半導体の集積密度は18～24か月で倍増する（チップの処理能力が倍になって小型化も進む）というペースが数十年続いてきました。しかも、この先もそのハイペースな進化は続くだろうといわれています（「ムーアの法則」より）。

コンピュータのハイペースな進化は続く

ムーアの法則

半導体の集積密度は
18〜24か月で倍増

半導体の集積密度（コンピュータの性能）

初期のパーソナルコンピュータ

年

　わかりやすい表現を使うと、東京からニューヨークへ行く所要時間とコストが18か月で半分になる進化が10年間続くと、片道1時間強となり、費用も8,000円程度になります。さらに20年続くと、片道7分でコストは800円程度になります。こうした目覚ましい変化が数十年間続いているのです。

　このような加速度的な変化は、私たちの身近に起こっています。この20年間を振り返ると、Facebookが2004年に登場し、YouTubeは2005年、Twitterは2006年とSNSツールがどんどん現れました。さらに、iPhoneは2007年、LINEは2011年からサービスをスタートさせています。

　10年前、「スマートフォンは日本に広がるのだろうか？」と思っていましたが、今ではスマートフォンではない携帯電話（いわゆるガラケー）を探すほうが難しくなりました。こうした例をとっても、ITを取り巻く変化はとても速いということがわかるでしょう。

　また、IT機器やサービスの普及の仕方には特徴があります。リリースしたての頃は不具合などもあり、多くの人が「また新たなおもちゃが出たな」くらいの感覚で遠巻きに見ています。しかし、あるときを境に、爆発的に広がるのです。この現象をソフトウェアとハードウェアの両面から考えると、まずソフトウェアの面では問題や新機能の追加は課題があった際にすぐ修正・改修し、スマートフォンのアプリのようにインターネット経由で新しいバージョンを配布できます。また、ハードウェアの面ではコンピュータの処理速度が日進月歩なので、数年前には実行速度の観点で提供できなかった機能も追加できるようになるのです。

　こうしたコンピュータの広がりの下地になるのがプログラミングです。プログラミングは自分たちのくらしを便利にし、社会の仕組みを変えるものだといえます。しかし、これまでプログラミングをするのはごく一部の限られた人で、多くの方がプログラミングされたものを消費するにとどまっていました。今回そうした不自然な状況を打破し、プログラミングを学ぶべき対象にすべく、小学校での必修化が図られたのです。

第2章
プログラミング教育が目指すもの

　筆者の利根川裕太は、政府に「小学校段階における論理的思考力や創造性、問題解決能力等の育成とプログラミング教育に関する有識者会議（以下、有識者会議）」のメンバーとして招聘され、小学校でのプログラミングの必修化について議論を重ねてきました。ここでは、その議論の中で見えた「どのような意図を持って学校へプログラミング教育の導入が図られたのか」をお伝えしていきます。政府、文部科学省、そして「みんなのコード」、それぞれの立場からプログラミング教育を実施して目指すものを見ていきましょう。

- ●日本社会をあげて必要となったプログラミング教育
- ●クラスの半分がコンピュータにより仕事がなくなる!?
- ●なぜ学校現場にプログラミング教育が必要か?
- ●小学校に求められる「プログラミング的思考」の育成
- ●「みんなのコード」の考える、小学校でプログラミング教育を行う意義
- ●プログラミングが解決する社会的課題
- ●経験から語るプログラミングの必要性

日本社会をあげて必要となった
プログラミング教育

　第4次産業革命が進行する中で、高度なIT人材は日本においても不可欠となりました。それを受け、2016年4月の産業競争力会議で安倍晋三首相は2020年から小学校でプログラミング教育を必修化することを発表します（右図）。この背景には、諸外国と比較して、高度なIT人材が日本には圧倒的に不足しているという危機感がありました。

　つまり、プログラミング教育の必修化は、日本の産業界からの要請・政府全体としての方針であるということがいえます。

　ビッグデータやAI（Artificial Intelligence：人工知能）、IoT（Internet of Things：モノのインターネット）、セキュリティなどを担える人材を育成することが、国の成長戦略としては欠かせません。そのためには、現状のように中学校での体験的な学習や高校での部分的な学習では足りず、初等中等教育・高等教育から研究者レベルまで包括的な人材育成総合プログラムを整備する必要があったのです。

　今回の「小学校でのプログラミング教育必修化」の発表により、初等教育に目が向けられていますが、これは大学・大学院や研究者、業界リーダーの育成まで高く積み上げられたプランなのです。プログラミング教育を構図的に積み上げ、世界との競争力を日本が維持・向上していけることを狙っています。

クラスの半分がコンピュータにより
仕事がなくなる！？

　どんなくらしをしても、どんな職業に就いても、コンピュータと接点を持たないことは難しい時代になりました。子どもたちが大人になる10年後20年後は、AIの進化を始めとしてコンピュータが生活の中にさらに浸透し、一層その傾向は強まるでしょう。

　AIやIoT、ロボット技術の進化により、ブルーカラーの仕事だけでなくホワイトカラーの仕事も失われていくと予測されています。そこには、医師や弁護士などこれまで"安定している"と見られてきた職種も含まれています（オックスフォード大学2015）。"AIやロボットなどで代替可能になる仕事"の割合は、日本の場合、全体の49％にものぼるといわれています。これは、小学校1クラスが35人だとすると、実に17人の仕事が失われる計算です。例えば、自動車の自動運転が実現するとタクシーの運転手という仕事はおそらく必要なくなるでしょう。人工知能と音声認識の技術が進歩するとコールセンターのオペレーターという仕事も必要

第2章 プログラミング教育が目指すもの

資料2

「第4次産業革命に向けた人材育成総合イニシアチブ」
～未来社会を創造するAI/IoT/ビッグデータ等を牽引する人材育成総合プログラム～

- 「第5期科学技術基本計画（平成28年1月閣議決定）」において謳われている「超スマート社会」の実現、及び「理工系人材育成に関する産学官円卓会議における行動計画」等を踏まえ、関連施策の一体的な推進が求められている
- 生産性革命や第4次産業革命による成長の実現に向けて、情報活用能力を備えた創造性に富んだ人材の育成が急務
- 日本が第4次産業革命を勝ち抜き、未来社会を創造するために、特に喫緊の課題であるAI、IoT、ビッグデータ、セキュリティ及びその基盤となるデータサイエンス等の人材育成・確保に資する施策を、初等中等教育、高等教育から研究者レベルでの包括的な人材育成総合プログラムとして体系的に実施

産業界
- 社会実装の方向性を共有し、実社会における情報技術の活用手法を学ぶ機会を確保

産業界への人材輩出

AI / IoT / ビッグデータ / セキュリティ

トップレベル人材の育成
- 理研AIP※1センターにおける世界トップレベルの研究者の育成、enPIT※2等で養成するIT人材の増大
- 若手研究者支援（卓越研究員制度や競争的資金の活用を含む）、国際研究拠点形成

数理、情報関係学部・大学院の強化
- 新たな学部等の整備の促進、enPIT※2等で養成するIT人材の増大
- 情報コアカリ・理工系基礎となる数学教育の標準カリキュラムの整備
- 新たな社会を創造・牽引するアントレプレナーの育成

全学的な数理・情報教育の強化
- 教育体制の抜本的強化（数理・情報教育研究センター（仮称）等）など

高等教育（大学・大学院・高専教育）
- 情報活用能力の育成・教育環境の整備

- 次世代に求められるプログラミングなどの情報活用能力の育成、アクティブラーニングの視点に立った指導や個の学習ニーズに対応した「次世代の学校」創生（スマートスクール構想の推進 等）
- 学校関係者や関係企業で構成する官民コンソーシアムの設立

初等中等教育

※注：左吹き出しの「ビッグデータの利活用のための専門人材育成について」（大学共同利用機関法人情報・システム研究機構 （情報技術人材育成のための実教育カリキュラム形成事業）、平成27年7月）から引用

参考：必要とされるデータサイエンス人材数（※）
- 世界トップレベルの育成 （5人/年）
- 業界代表レベルの育成 （50人/年）
- 棟梁レベルの育成 （500人/年）
- 独り立ちレベルの育成 （5千人/年）
- 見習いレベルの育成 （5万人/年）

日本 （NGUJ.K-1）
EU 3.4千人
US 25千人、中国 171人

- リテラシーの醸成 （50万人/年）

高校生 約380万人（3学年）
中学生 約350万人（3学年）
小学生 約660万人（6学年）

- 小学校における体験的に学習する機会の確保、中学校におけるコンテンツに関するプログラミング学習、高等学校における情報科の共通必修科目化といった、発達の段階に即したプログラミング教育の必修化
- 全ての教科等の課題発見・解決等のプロセスにおいて、各教科の特性に応じてICTを効果的に活用
- 文科省、経産省、総務省の連携により設立する官民コンソーシアムにおいて、優れた教育コンテンツの開発・共有等の取組を開始

※1 Advanced Integrated Intelligence Platform Project（人工知能/ビッグデータ/IoT/サイバーセキュリティ統合プロジェクト）
※2 Education Network for Practical Information Technologies

出典：産業競争力会議 文部科学省資料（http://www.kantei.go.jp/jp/singi/keizaisaisei/skkkaigi/dai26/siryou2.pdf）

なくなるかもしれません。

　一方で、なくなる仕事の分、新たに創出されるだろうといわれている仕事もあります。その新たな仕事の共通必須スキルとして、プログラミングが挙げられるのです。例えば、「Webデザイナー」という仕事は近年1つの職種として確立されており、従来からのデザインの知識に加えてプログラミングの知識も活用して、使いやすいWebページを作る仕事をしています。

　このように、これからの社会ではより一層プログラミングの素養が不可欠になります。一方でWebデザイナーがデザインのスキルとプログラミングを掛け合わせたように、「何か」の技能とプログラミングを掛け合わせる仕事も今後新たに出現することが予測されています。

　プログラミングの存在を知る、プログラミング的な考え方・思考を習得する、そして、体験的にプログラミングを書いてみることが小学校の担う学習範囲だとされています。それが、未来を生き抜く子どもたちの力を養うことにつながるのです。

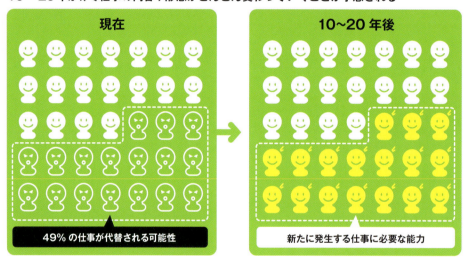

10～20年かけて仕事の内容や形態がどんどん変わっていくことが予想される

なぜ学校現場に
プログラミング教育が必要か？

　続いて、政府の方針を踏まえて、文部科学省がどのような方向性を打ち出しているのかを確認しましょう。

　有識者会議にて、学校現場にプログラミングを盛り込む際に議論された必修化の背景となるポイントが3つ挙げられました（右図「小学校段階におけるプログラミング教育の在り方について（議論の取りまとめ）」より）。

　1つ目は、人工知能などの台頭による第4次産業革命で社会の在り方が変わるため、その構

第1章 プログラミング教育が目指すもの

平成28年6月23日
教育課程部会
小学校 資料5-1

小学校段階におけるプログラミング教育の在り方について（議論の取りまとめ）

プログラミング教育の必要性の背景

- 近年、飛躍的に進化した人工知能が、自ら知識を概念的に理解し、思考し始めているとも言われ、雇用の在り方や学校において獲得する知識の意味にも大きな変化をもたらすのではないかとの予測も示されている。
- 一方、人間は、これまでも様々な道具を生み出し、目的に応じて使いこなすことにより自らの活動を広げてきた。コンピュータは、人間の可能性を広げる新しい道具であり、人間の様々な活動や願いに応えたサービスを生み出している。社会や産業の構造が変化し成熟社会に向かう中で、コンピュータとプログラミングの働きによる恩恵を受けており、これらの便利な機械が魔法の箱ではなく、プログラミングを通じて人間の意図した処理を行わせることができるものであることを理解できるようにすることは、時代の要請として受け止めていく必要がある。
- 小学校段階におけるプログラミング教育については、コーディング（プログラミング言語を用いた記述方法）を覚えることがプログラミング教育の目的であるとの誤解が広がりつつあるのではないかとの指摘もある。

プログラミング教育とは

子供たちに、コンピュータに意図した処理を行うように指示することができるということを体験させながら、将来どのような職業に就くとしても、時代を超えて普遍的に求められる力としての「プログラミング的思考」などを育成するもの

プログラミング的思考とは

自分が意図する一連の活動を実現するために、どのような動きの組合せが必要であり、一つ一つの動きに対応した記号を、どのように組み合わせたらいいのか、記号の組合せをどのように改善していけば、より意図した活動に近づくのか、といったことを論理的に考えていく力

プログラミング教育を通じて目指す資質・能力

[知識・技能]
(小) 身近な生活でコンピュータが活用されていることや、問題の解決には必要な手順があることに気付くこと。
[思考力・判断力・表現力等]
発達の段階に即して、「プログラミング的思考」を育成すること。
[学びに向かう力・人間性等]
発達の段階に即して、コンピュータの働きを、よりよい人生や社会づくりに生かそうとする態度を涵養すること。

知識・技能
思考力・判断力・表現力等
学びに向かう力・人間性等

こうした資質・能力を育成するプログラミング教育を行う単元について、各学校が適切に位置付け、実施していくことが求められる。また、プログラミング教育を実施する前提として、言語能力の育成や各教科等における思考力の育成の基盤として長年重視されてきている資質・能力の育成もしっかりと図っていくことが重要である。

【小学校段階におけるプログラミング教育の実施例】

総合的な学習の時間	自分の暮らしとプログラミングとの関係を考え、そのよさに気付く学び	
理科	電気製品にはプログラムが活用され条件に応じて動作していることに気付く学び	
算数	図の作成において、プログラミング的思考と数学的な思考の関係やよさに気付く学び	
	音楽	創作用のICTツールを活用しながら、音の長さや高さの組合せなどを試行錯誤し、音楽をつくる学び
	図画工作	表現しているものを、プログラミングを通じて動かすことにより、新たな発想や構想を生み出す学び
	特別活動	クラブ活動において実施

【実施のために必要な条件整備等】

(1) ICT環境の整備
(2) 教材の開発や指導事例集の整備、教員研修等の在り方
(3) 指導体制の充実や社会との連携・協働

出典：文部科学省資料（http://www.mext.go.jp/b_menu/shingi/chukyo/chukyo3/074/siryo/__icsFiles/afieldfile/2016/07/07/1373891_5_1_1.pdf）

成員を育てる学校教育も変える必要があるだろうという議論です。義務教育の目的の1つである「国家・社会の形成者として共通に求められる最低限の基盤的な資質の育成」というレベルで考えても、前提となる社会の変化に教育も対応が必要であるのは明白です。

　2つ目は、身近な生活で使われるコンピュータは「魔法の箱」ではなく、科学技術が詰まっていることを理解する必要があるということです。例えば、「電気」という「科学技術」は現代の私たちのくらしを便利にしています。小学校では豆電球と乾電池の回路がつながり、豆電球が点くことを体験的に学習しています。この体験により私たち大人が部屋の電気を点けても「魔法だ」と思わず、「回路がつながったんだ」と理解することができます。これと同様に、コンピュータについても「科学技術」として理解することが重視されたのです。

　そして3つ目は、特定のプログラミング言語でのコーディング（プログラムを書く・作ること）を覚えることは目的としないということです。これは背景というよりも小学校段階でのプログラミング教育へのよくある批判への反論という面もありますが、表面的なコーディングのスキルを覚えることよりも、プログラミング言語の流行り廃りと関係のない本質的に必要なことを学習する必要性について言及されています。

　このような背景や小学校段階ということを踏まえて、次期指導要領でのプログラミング必修化については、コンピュータはプログラミングという言語（指示）により動いているということを理解し、それにはどんな特性があるかを体験的に学習することが求められています。そして、その学習の効果として、プログラミング的思考を身につけることを目指しているのが小学校でのプログラミング教育です。

小学校に求められる「プログラミング的思考」の育成

　小学校現場においてどのようなプログラミング教育が求められているのかを紐解いていきましょう。大前提として、2020年の学習指導要領の改訂ではすべての小学生をプログラマーとして育てることを目的とはしていません。プログラミングを経験して、論理的思考とも重なる部分の大きいプログラミング的思考を習得することを目指しています。「表面的なプログラミングのスキルはあるけれど、論理的思考ができない人」と「論理的に考えられるけれど、表面的なプログラミングのスキルが弱い人」とでは、後者のほうに価値を置いているのです。

　小学校におけるプログラミング教育は、子どもたちが情報技術を効果的に利用しながら、論理的・創造的に思考し、課題を発見・解決していくことを目指しています。その中で、コンピュータの働きを理解しながら、それが自らの問題解決にどのように活用できるかをイメージしていくことが必要になります。さらに、意図する処理がどうすればコンピュータに伝えられるか、そして、コンピュータを介してどのように現実社会に働きかけることができるのかを考

えることが重視されています。

　つまり、コンピュータを利用しながら、その考え方や機能が社会にどう役立つかを紐付けて考えられるようになる力の育成を企図しています。

　「プログラミング的思考」という言葉が一人歩きしてしまい、先生方から「どう解釈してよいかわからない」という、とまどいの声を聞きますが、「プログラミング的思考」とは、

> 自分が意図する一連の活動を実現するために、どのような動きの組み合わせが必要で、記号（指示）をどのように組み合わせたらよいのかを検討する力。さらに、もし間違いがあれば、記号の組み合わせをどのように改善していけば、より意図した動きに近づくのかを論理的に考えていく力

を指します。

　小学校の現場では、これを「体験的」に身につけていくことを目指しています。子どもたちにとっては言葉で解説されるよりも、体験的に学んだほうが理解しやすいからです。例えば、バケツや校内の田んぼを使った稲作体験を通じ「自分たちが日々口に入れるものがどのように作られているのか」を知ろうという学習があります。この体験で、「農業の仕組みや食べ物は人によって作られているのだ」ということを子どもたちは学びます。逆に、この稲作体験で「農家を育成しよう」や「米作りの技術を小学生に身につけてもらおう」という教育目標は立てられませんよね。現代社会では、コンピュータの重要性が高まってきているにもかかわらず、これまでこの稲作体験に通じるような学びが何もなされてこなかった。その見直しが、今回の学習指導要領の改訂でスタートしたのです。

「みんなのコード」の考える、
小学校でプログラミング教育を行う意義

　私（みんなのコード代表：利根川裕太）は、文部科学省の「小学校段階における論理的思考力や創造性、問題解決能力等の育成とプログラミング教育に関する有識者会議」の委員に呼ばれ意見を交わし、学校現場にプログラミング教育の普及・浸透を図っています。

　政府や文部科学省の意向と学校現場の状況、社会のニーズのいずれも理解した上で、橋渡し役をしていくことが私たちの役割だと思っています。

　そうした活動の中で、「なぜ小学校段階からプログラミングをする必要があるのか」という質問をいただくことがあります。

　プログラミングで使うプログラミング言語も言語の1つなので、英語を例にとって考えてみましょう。現在の大人の多くが、中学校から文法重視で英語を学び、資格取得や大学受験などに向けて必死で勉強をしてきました。しかし、外国人を前にすると、日常会話を交わすのにも四苦八苦してしまう方が大多数ですよね。

　かたや、帰国子女や小さい頃から英語に触れてきた方にとって、英語を話すハードルは低い。つまり、言語は小さい頃から学んだほうが確実に力をつけることができるのです。

　私の場合、25歳からプログラミングを学び、約5年間真剣に取り組みました。自分自身の特性とも合っていたのか比較的成長は早かったと思いますが、子ども・学生時代から始めた超一流の方にはかないませんでした。そのため、日本のプログラミングのレベルを上げるには、小学校段階から積み上げていくという視点が欠かせないと感じたのです。

　では続いて、どのように普及していくのが理想的かをお話ししましょう。日本におけるサッ

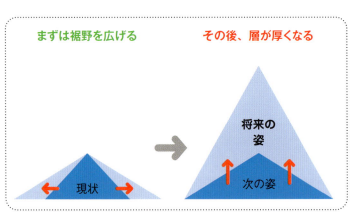

カーの広がりをイメージしていただくとわかりやすいと思います。日本では、1993年にJリーグができ、子どもたちの中でサッカーへの関心が高まり、少年サッカークラブが各地に作られました。裾野が広がると、日本のサッカーのレベルはどんどん向上し、選手層が厚くなりました。結果的に、今ではワールドカップ参加も常連になり、海外で活躍する選手も多数出るようになりました。

現在日本は、IT人材の育成において多くの先進国に後れを取っています。国全体でITを強化していかなければいけないといったときに、サッカーのようにまずは裾野を広げていくことが戦略の第一歩になります。小学校という裾野でプログラミング教育を実施することで、世界で勝負できるハイレベルな人材も登場するようになるのです。

ですから、小学校ですべての子どもを高いレベルにまで引き上げる必要はありません。まずは、プログラミングを知り、関心を向けるということが重要なのです。関心を持った子を中心に、中学生以上で高度なレベルへと進んでいけばよいでしょうし、教育課程外の習い事や地域のコミュニティの中で学んでいくという方法もあるからです。

プログラミングが解決する社会的課題

今の世の中、プログラミングができないからといって生きていけないわけではありません。今後加速度的にIT技術が進化すれば、「読み・書き・そろばん」と同列にプログラミングが並ぶかもしれませんが、現在のところ、そこまでには至っていません。

では、なぜプログラミングを学ぶ必要があるのでしょうか。

こちらも、英語と同様の位置づけで考えていただくとわかりやすいでしょう。現在、日本国内では、英語ができなくても死ぬことはありません。とはいえ、世界で活躍するごく一部の人ができればよいというものでもない状況になってきています。地方においても外国人向けのサービス提供は今後も増えるでしょうし、何かを調べるときに、英文からも情報収集できることで一段階レベルが変わります。

プログラミングも同様で、作られたゲームやアプリケーションを使う側だけでいるのか、自分の課題を解決できるようなものを作るようになるのかでは、社会における生きやすさ・選択肢の幅が変わってきます。

現在の子どもたちのほとんどが、消費者としてゲームに興じています。昔の子どもたちは、身近なものを遊具にして自分たちで遊びを生み出したり、ゲームのルールを作ったりすることが得意でした。プログラミングができれば、自分たちで主体的に遊びを生み出すことができます。受動的な遊びを、能動的な遊びへと転換させていくことができるのです。

こうした姿勢や知見は、大人になったときに、社会的な課題を解決することに生かすことができるはずです。

ここでもう少し具体的に、どのようにプログラミングが社会的課題解決につながっているかをお話ししましょう。

　福井県で、イノシシの被害に悩むお年寄りがいました。イノシシが村の畑に降りてこようとする道に罠を仕掛けていましたが、その罠の確認のために毎日巡回することに、大変な時間と手間をかけていました。そこで、罠に**IchigoJam**というコンピュータとセンサーを取り付け、イノシシがかかって柵が降りたことをインターネット経由で通知し自宅で確認できるようにしました。これにより、お年寄りの労力がかなり削減されたのです。

センサーとプログラミングでイノシシを捕獲する

　全世界の多くの人が「便利だ」と感じるものであれば、待っていればいつか誰かが開発してくれるかもしれません。しかし、この例のように自分の生活ならではの課題を解決するようなプログラムは、いつ誰が書いてくれるかわかりません。プログラミングの素養を身につければ、直面している問題に主体的に対処できるようになるのです。

　他にも、農作業を効率的に行うためにドローンを使ったり、医療を効果的に施すために人工知能を使用したりと、プログラミングはあらゆる課題を解決していく足がかりになっています。

　世界の最小単位は自分自身。まずは自分やその周囲にいる家族が便利になったり、幸せになったりする技術を得るために、プログラミングを学ぶという意識を持つとよいのではないでしょうか。つまりプログラミングは、どのような進路を選択し、どのような職業に就くとしても、これからの時代において共通に求められる力だと思うのです。

経験から語るプログラミングの必要性

　私がプログラミングと出会った当初、自分が作ったプログラムをWebサーバーにのせると、24時間ずっと従順に命令通りに動き続ける——このコンピュータの性質に感動を覚えました。もし同じような働きを人に依頼すればコストがかかりますし、疲労も出ます。処理を淡々とこなせるプログラムは、人間社会において非常に有益なものです。

　一方で、自分が間違ったプログラムを書くとコンピュータもその通りに正直に間違えます。つまり、明確に伝えることが何よりも重要になるのです。そのためには、現実世界の問題を要素分解し、一度抽象化して解決のための命令に落とし込むというフローを通じて頭の使い方が鍛えられたと感じています。

　プログラムというと言葉の響きだけで、難しかったり、失敗が許されなかったりするようなイメージを持つ方もいるかもしれません。しかし実際は、そんなに難しくもありませんし、失敗するのは当たり前で、トライアンドエラーでコードを書いていくものです。

　便利さが伝わっていないという実態や、イメージが先行したことによる誤解を感じ、もっとこの有益なツールを正しく広めていきたいと考えるようになりました。私が「みんなのコード」として小学校段階のプログラミング教育に携わるようになったのはそうした思いからです。

　私の場合、友人の立ち上げたベンチャー企業の一員として、大人になってからプログラミングをスタートしました。企業でしたので、課題解決がプログラミングをする第一目的でした。しかし、小学生の子どもたちがプログラミングに取り組む場合は、ハードルを下げて「まず楽しむ」ことが重要です。「プログラミングって、便利！」「プログラミングは楽しい！」という印象を持つことがファーストステップといえるでしょう。「みんなのコード」も、「すべての子どもがプログラミングを楽しむ国にする」というミッションの下、日々活動しています。

第3章

小学校でプログラミング教育を実施するポイント

　第2章では、プログラミング教育を実施する社会的な意義について確認しました。この章では、実際に小学校現場においてどのようにプログラミング教育を実施していけばよいのか、「How」の部分について見ていきましょう。

「どのような教科に盛り込めばよいのか？」
「導入できる学年は？」
「プログラミング教育の効果とは？」

など、明日の指導に生かせるポイントをご紹介します。

- ●小学校現場に求められるプログラミング教育
- ●どのような教科に盛り込むか？
- ●どの学年に盛り込むか？
- ●プログラミング教育の効果
- ●プログラミング教育を行う上での注意点
- ●プログラミング教育における評価
- ●プログラミング教育導入と本格化に向けた学校長の役割
- ●プログラミング教育普及に向けた教育委員会の役割

小学校現場に求められる プログラミング教育

小学校でのプログラミング教育では、

・プログラミングとはどんなものかを知る
・体験的な活動からプログラミング的思考を養う

ということが求められます。

小学校の先生の中には、いわゆる画面上でテキストを打ち込んでいく「テキストコーディング」をしなければいけないのかという心配や、C言語などのプログラミング言語を理解し覚えなければいけないのかという不安を持っている方が少なからずいらっしゃいます。

しかし、小学校現場にはこうしたプログラミングの技能を教え込むことは求められていません。第1章で紹介したビジュアルプログラミングという、コードを書かなくてもプログラミングができるツールを活用したり、パソコンやタブレットに触らずにアンプラグド（コンピュータを使わない）でプログラミング的思考を学んだりすることが小学校でのメインの活動になるでしょう。

そして、先生方には情報活用能力養成の一環として、このようなプログラミング教育を様々な教科と組み合わせることが求められているのです。

どのような教科に盛り込むか？

「具体的にどのようにプログラミング教育を行うか？」、これは多くの先生方の関心事でしょう。文部科学省からは、「各学校が単元（教科・時間数・学年）を決めるもの」と示されています。なかには、「あまりに自由度が高すぎるので、規定を決めてほしい」と考える先生もいるかもしれません。しかし、文部科学省にも一律導入に踏み切れなかった理由があります。

1つは、地域的な格差の問題です。「すでに積極的なインフラ整備をし、先進的な事例を行っている学校と、そうでない学校に一律に基準を設けることは子どもたちのためにならない」という理由です。学校規模、児童の状況、ICT環境などにおいても大きなバラつきがあるので、先生方が授業で行える範囲はそれぞれ異なるはずです。

そして、もう1つは、期間的な問題です。次期学習指導要領は2020年から2030年ごろまで使うことが想定されています。変化の速いプログラミング教育の進歩を考えると2016年段階で2030年まで見通したベストな施策を示すのは難しいということが、有識者会議でも指摘されました。

さらに、時間数の純増はできないという問題もあります。プログラミングを教科・単元化すれば、どこかの教科の時間を減らしバランスを取る必要が出てきます。しかし、プログラミング教育を始めるために、教科学習の時間を減らすわけにもいかず、既存教科に入れ込む形でプログラミングを行っていく方針としたのです。

導入しやすい教科など

とはいえ、なんら参考になるものがなければ、現場の先生方は困惑するばかりでしょう。そこで、ここではプログラミングを導入しやすい教科科目を紹介します。

プログラミング教育を盛り込みやすい教科などの筆頭3つは、次期学習指導要領でも例示さ

れている「算数」「理科」「総合的な学習の時間」になります。

算数

　小学校の算数は、中学校・高校で学ぶ数学の抽象概念の初歩段階を扱います。プログラミングの入門においてもシンプルな世界を扱うことになり両者の相性がよい単元がいくつかあります。実際に次期学習指導要領でも5年生の図形（多角形）の単元で実施することが例示されています。また、「みんなのコード」でも**プログル**という教材で公倍数などを扱っています。

算数×プログラミング教育の様子

理科

　次期学習指導要領では6年生理科の「物質・エネルギー」という単元の電気の性質の分野中で学習されることが挙げられていますが、p.66で紹介する大阪府・大阪市立苗代小学校の事例のようにプログラミングを計測器として使う方法も考えられます。しかし、小学校分野の理科は、一般的には世の中の複雑な事象を観察する・体験するといった活動が多いので、コンピュータでシミュレーションしようと考えるのと実物を観察するのとどちらが妥当かはよく考える必要があるでしょう。その見極めが重要です。

総合的な学習の時間

　p.84で紹介する石川県・加賀市立作見小学校のように「コンピュータと自分たちのくらしがどうなっているかを考えてみよう」というテーマならば、「総合的な学習の時間」ですぐに実践できます。

　また、「総合的な学習の時間」をキャリア教育や将来の夢を考える時間として使っている学校も少なくないと思います。そうした学校においては、キャリア学習の一環として「コン

ピュータに携わる職業に興味がある人が多かったので、実際にプログラミング体験をしてみましょう」という切り口から取り入れてもよいでしょう。ただ、次期学習指導要領でも「プログラミングを体験することが、探究的な学習の過程に適切に位置付くようにすること」との留意事項が述べられており、プログラミングスキルを学ぶことだけを目的化するのではなく、探求的な学習活動として「総合的な学習の時間」の学習目標の達成も合わせて必要となります。

その他

他にも、音楽で、創作用のICT機器を使いながら曲を作る、体育で、ダンスをプログラミングする、図画工作の中で表現したものをプログラミングで動くように設定するなどの活動も考えられます。

また、「国語や社会などいわゆる文系科目でプログラミング教育を導入するのは難しいか」と問われることがあります。例えば、国語の論説文を読み解く授業で、プログラミング的思考を用いて解説していくことはできるかもしれません。あるいは、p.48で紹介する茨城県・古河市立大和田小学校の事例のように、作文を書く指導の際に、プログラミング的思考で順序立てて説明する力を養うという指導もできるでしょう。

とはいえ、ファーストステップとしては、児童の実態に合い、ご自身がやりたいと思った授業にチャレンジしてみることです。

文部科学省でも、これから授業の実践例を積み上げ、公表していくこととしています。私も全国を回り、参考にしていただける材料を届けていきます。さらに、「みんなのコード」ではプログラミング教育に関する各種イベントを開催したり、研修会に講師として出張したりしています。先生間で対話することで、授業を構築するためのヒントを得られるようなプラットフォームにし、先生方をサポートしたいと考えています。

どの学年に盛り込むか？

どの学年でプログラミング教育を導入するかの判断も学校現場に委ねられています。個人的には、3、4年生からのスタートが始めやすいと考えています。3、4年生になると発達段階的に、抽象的理解や論理的な思考を過半数の子が持ち始めます。そのため、プログラミングができない子が少数派になるので、教師のサポートが可能なレベルになります。

また、従来教科の中での学習活動として、5年生算数の多角形や6年生理科の電気など、高学年のほうが実施できる単元が見つけやすくなります。

もし1、2年生でコンピュータを用いたプログラミング教育をスタートさせれば、おのずと

大人のサポートを必要とする子が増えるでしょう。低学年はマウス操作ができない子どもも少なくないので、複数の教師で支援する、少人数指導にするといった配慮が必要になるかもしれません。

　ただし、コンピュータを使わないアンプラグドの学習であれば、低学年からでも問題なくできます。例えば、**ルビィのぼうけん**を生活科や体育などで実施し、3、4年生でパソコンを用いたプログラミング教育につなげていくという方法も有効ではないでしょうか。

　通常の教科の授業でも、つながりのある単元の場合には、前学年の学びの復習から導入しますよね。プログラミング教育でも同様に行っていくことで、学年をまたいだとしても学びをつなげていくことができるはずです。

　また、「一気にすべての学年で導入する」などの無理はせず、中学年以降や核となる学年で始めてみるとよいでしょう。

アンプラグド授業の様子

プログラミング教育の効果

　プログラミング教育を経た児童の具体的な変化・成長についてお伝えします。そこで、現場の先生のお話をもとに児童と教師への効果をいくつか挙げてみます。

児童への効果

1. コンピュータの特性を習得し、日常生活に生かせる

プログラミング教育では、「繰り返し」や「条件分岐」「バグ」などという普段意識していないことを意識させることができます。プログラミングを体験的に学ぶことで、正しい順番で、漏れなく指示を出せているかを振り返ることができます。

2. コミュニケーションが苦手だった子どもが相手に伝わる発信をできるようになる

日本人は空気を読んだり、「暗黙の了解」があったりと、とかく言葉に出さないコミュニケーションを重視して整理されていない言語などの表現を理解する「読み取る力」が求められます。コミュニケーションが苦手な子は、そうした曖昧な"言葉"や"空気"を読み取ることが苦手です。

プログラミングの場合は、明確に命令することが求められます。そうした思考を経験すると、伝えたいことがうまく発信できなかった子がきちんと考えを整理して話せるようになります。また、「読み取る力」に甘んじていた側も、発信する側が責任を持って整理し伝えることが重要だということを学びます。

3. 間違いを自分で振り返り、正しい答えを導きだそうとするようになる

プログラミング教育では、「間違えた」ではなく「途中まではうまくいった」という捉え方をするようになります。「失敗」ではなく、次に生かすためのステップとして、前向きなパワーに転換できるのです。

こうした考え方が根付けば、例えば、算数の筆算で最後の答えを間違えていたとしても、どこが違っていたのか計算を1人で振り返れる（デバッグする）ようになります。また、間違えることを過度に怯えるようなことがなくなります。

4.「指示待ち」「課題待ち」だった子どもが主体的に変わる

コンピュータへのプログラミングはコンピュータからのフィードバックが早いため、考える→実行する→検証する→修正する（いわゆるPDCA）のサイクルを早く回しながら課題解決をしていくことができます。自ら働きかけることの楽しさや重要性に気づいた児童は主体的に動くようになり、私が支援した学校の先生からは「指示待ちがちだった子どもたちが主体的に動くようになった」との声が聞かれました。

5. 普段あまり目立たない子どもが輝く

プログラミングの学習時には、従来の教科学習がやや苦手な子どもや、普段あまり目立たない子どもが活躍することが多々あります。私が出張授業をした際、プロジェクターに写したプログラムを説明していたところ、ある児童が「バグ」があることを指摘してくれました。

「ありがとう！ここに気づいたのはすごいね！」と伝えたところ、担任の先生から「普段怒られることが多い児童がそのような指摘をしてほめられ、非常によい機会になった」といっていただけました。

教師への効果

自身の指導を見直す機会になる

プログラミングについて学ぶと、授業での自分の発信について「何が必要だったのか」「どこが抜けていたのか」「順番は適切だったのか」を見直す習慣ができます。子どもたちにプログラミングに触れさせる中で、教師自身もプログラミング的思考を体得することができているのだと思います。

とある教育委員会の指導主事の方から、「通常の教科学習の指導力もこれから、という若手教師がプログラミング教育を研究した結果、教科指導力を付け、子どもたちの学力テストの結果も向上し学級単位で県内1位になった」という話を伺いました。

プログラミング教育は、教師が授業や指導を再構築する機会にもなるといえるでしょう。

プログラミング教育を行う上での注意点

プログラミング教育を実際に授業として実施する上で、3つの大切なポイントがあります。

1. 先生が教えようとしない

先生方と話をすると、「パソコンも苦手なのに、プログラミングなんて教えられない！」とおっしゃいます。しかし、小学校のプログラミング教育では、プログラミングの「スキル」を教えることが目的ではないので、子どもと「一緒に学ぶ」「一緒に遊ぶ」くらいの気持ちでよいのではないかと思います。教えた通りにプログラミングできるようにするのが目的ではなく、子どもたちが考える過程こそが重要です。また、正解を導くための学習ではないので、あらゆるアプローチを認めていきましょう。

2. 子どもが集中しすぎて疲れたときには、リフレッシュさせる

子どもはコンピュータに向かうと、すごく集中して取り組みます。しかしながら、集中していると自分の疲れを自覚できないまま「ハマる」状態に陥ってしまい、疲れる→うまくいかない→疲れるという悪い循環に入ってしまいます。

いったん深呼吸させたり、どんな感想を持ったか聞いたりすることで、煮詰まっていた子どもをリラックスさせることができます。

3. 先生も新しいことを一緒に楽しむ

　表面的なプログラミングの技能ではない思考力の養成や教科の学習目標と、プログラミング的思考の両立を目指すのは、もちろん大切です。しかし、いざ授業を実施する本番においては先生が考えすぎたり、慣れないコンピュータに緊張してしまうと、それが子どもに伝わってしまいます。「先生もまだ詳しくないけど、みんなが大人になる頃には必要になりそうだし、やってみると楽しいだろうから一緒に楽しもう」くらいに肩の力を抜いて授業に臨んでください。そのほうが結果的に子どもたちも授業を楽しみ、深い学習になるはずです。また、先生自身が大人になってからも新しいことを楽しそうに学ぶ姿の「背中を見せる」ことは、変化の速い時代を生きる子どもにとって価値があることでしょう。

集中が続くと疲れる　　　　　　リフレッシュが大事！

プログラミング教育における評価

　プログラミング教育の評価に対する質問をよく受けますが、明確に理解していただきたいことは、「プログラミングのスキルそのものを評価することは原則としてない」ということです。小学校におけるプログラミング教育では、難易度の高いコードを書けるか否かは問題ではありません（米作りの体験で農業のスキルを評価しませんよね？）。

　教科の授業の中でプログラミングを盛り込む以上、あくまで、教科の学習目標が達成できたかどうかを中心に評価をします。逆にいうと、学習目標から外れたプログラミングの使い方はNGだということです。

　わかりやすい例でいうと、理科に振り子の単元がありますが、その際に、ストップウォッチの使い方について評価はしませんよね。プログラミングも同様で、授業にどのような態度で取り組んでいたか、プログラミングというツールを使い教科の理解を深められたかを評価すればよいのです。

もう1つの観点があるとすれば、アウトプットに対する評価です。例えば、身近な課題を解決するためにアプリケーションのデモ版をつくろうという課題に取り組んだ場合には、そのアウトプット（アプリケーション）について評価することはありえるでしょう。

プログラミング教育導入と本格化に向けた学校長の役割

　プログラミング教育の導入にあたっては、学校長の役割は大きいです。もちろん、個人で研究会などに参加しながら頑張っている先生方も全国にはたくさんいらっしゃいますが、学校全体でプログラミングを学び、同僚同士で研鑽し合える場をつくることができれば、個々の先生も指導力を高めやすくなるはずです。

　「チームとしての学校」として、プログラミングに臨めるかどうかは学校長の命題ともいえるでしょう。

　私が校長先生にお伝えすることは、「まずはみなさんがプログラミングを体験してみましょう」ということです。自分がやったことないものは、他の先生や子どもに勧めにくいはずです。

　続いて、子どもたちと一緒にプログラミングを試してみましょう。パソコンクラブや地域のプログラミング活動で子どもと一緒に実践をしてみるのです。すると、子どもがどう集中するか、何を学んでいるのかが実感としてわかるはずです。

　その上で、自分で実践する自信がない方は、学校の核となる若手の先生にアサインし、それを全力で応援する体制を整備しましょう。その先生が「研究会を見に行きたい」といえば、上

プログラミング必修化までの推奨スケジュール

年度	教育委員会側準備	研修	研修授業
2017（H29）年	移行措置期間の予算措置（教材、外部講師等）	市内研修開始（教育研究会等）	研修受講者の中から年度内に開始
2018（H30）年	『移行措置期間』入り	校内研修開始	複数校・学年に展開
2019（H31）年		校内研修全校に拡大	全校に展開
2020（H32）年	『全面施行』で全教員が実施		

手に都合をつけてあげる。あるいは、校内研修や研究授業に取り入れる、PTAなど外部の力をうまく活用する。そうしたことこそが校長先生の役割です。

校内に1人実践者が現れれば、他の先生方もその実践を見て、「自分にもできるかも」「こんなに子どもが夢中になるならやってみたいな」という気持ちになるはずです。

この本を手に取っている時点で、あなたはプログラミング教育の先駆者です。環境準備の面でも、教師の指導力育成の面でも早め早めに動かない手はありません。いち早く学校を挙げて取り組めば、教育委員会や企業からの支援も得やすいでしょうし、トライアルとして行った活動や授業に対してフィードバックももらいやすいです。

夏休みなどの長期休業中にまとめて研修を組むなどの方法も有効ですね。学校全体で学ぶ雰囲気を醸成するのです。プログラミングという新しい学習を学校の雰囲気をよくする材料に使いましょう。新しいことにチャレンジしやすい土壌をつくる、若手がリードしやすい空気を大事にするといった文化づくりにつなげてください。

なお、学校外においては校長同士でつながり合い、「できること」「やること」「すべきこと」などを対話していくとよいのではないでしょうか。校長間で連携し合い、研修や授業事例を積み上げていくことが、各校の教師の指導力向上につながります。

プログラミング教育普及に向けた教育委員会の役割

教育委員会には環境整備や教師の研修体制の構築など、プログラミング教育導入の上でリードして行うべきことがたくさんあります。すべての学校を平等に底上げしていくよりもプログラミングを積極的に行いたい学校・教員を募集し、トライアルをした上でうまくいった取り組みや授業実践を他校に横展開していくことをおすすめします。その際に、企業やNPOなどの外部の力をうまく借りることもぜひ検討してみてください。

ただ、2020年の学習指導要領の全面施行まで時間がありません。自治体内でのプログラミング教育のトライアルは2018年、2019年に実施する必要がありますので、1日でも早く研究・予算措置・外部への応援依頼などの準備をしていただければと思います。

第4章
プログラミング教育の授業実践例

　第4章では、プログラミング教育の授業導入事例を紹介します。文部科学省は、「授業へどのようにプログラミング教育を取り入れるかは、教師自身が考え、学校が判断するもの」としています。
　しかし、多くの先生方がプログラミングに触れるのは初めての状況。1人で授業をつくっていくのは簡単ではないでしょう。
　抽象的なプログラミング的思考をどう取り入れたらよいか、教科の目当てを実現しながらプログラミング教育を組み込む難しさなどもあります。
　そこで実践事例として、参考にしていただけるような授業を紹介していく必要があると考えました。
　学年やICT機器の整備状況、学級の状態、先生の強みなどによって、どのような授業が有効かは変わってくるでしょう。掲載事例をヒントに、自校に合わせて指導をアレンジし、活用してみてください。
　実際に授業実践を重ねたり参観することで、本を読む以上の気づきが得られるはずです。

p.48　[事例1]　**国語**
　　　　　　　　時系列に物事を整理するプログラミング的思考で作文の力を上げる
　　　　　　　茨城県・古河市立大和田小学校

p.54　[事例2]　**算数**
　　　　　　　　「正多角形の角」の理解のためにプログラミング教育を掛け合わせる
　　　　　　　東京都・狛江市立狛江第五小学校

p.60　[事例3]　**算数**
　　　　　　　　授業目標に合うプログラミング教材で倍数の理解を深める
　　　　　　　静岡県・浜松市立三ヶ日西小学校

p.66　[事例4]　**理科**
　　　　　　　　アクティブ・ラーニングとプログラミングで理科の実験を実施
　　　　　　　大阪府・大阪市立苗代小学校

p.72　[事例5]　**特別授業・外国語活動（英語）**
　　　　　　　　英語×プログラミングの授業で効率的・効果的に児童の理解を促す
　　　　　　　学校法人神奈川学園　精華小学校

p.78　[事例6]　**総合的な学習の時間**
　　　　　　　　地震の知識を見える化する発展的授業で子どもの理解が深まる
　　　　　　　東京都・筑波大学附属小学校

p.84　[事例7]　**プログラミング特別講座**
　　　　　　　　"プログラミングとは何か"を児童に体験させるオフラインの授業
　　　　　　　石川県・加賀市立作見小学校

事例1　国　語

時系列に物事を整理する
プログラミング的思考で作文の力を上げる

茨城県古河市では、自治体をあげてプログラミング教育を推進している。なかでも、文部科学省の「情報教育指導支援事業」の研究校に指定された古河市立大和田小学校では学校を挙げてプログラミングの授業への導入を進めている。小規模校の特長を生かしながら、全学年の教師が学びながら実施しているプログラミング教育の一部を紹介する。

プログラミング的思考を解釈し、いろいろな授業に落とし込めるように工夫をしています！

茨城県・古河市立大和田小学校
藤原晴佳 先生
（3学年担任）［取材当時］

- 学校種：公立
- 規模：1学年1クラス、全校児童数約80名
- 住所：茨城県古河市大和田822
- URL：http://www.koganet.ne.jp/~oowadae/
- 特徴：文部科学省の「情報教育指導支援事業」の研究校に指定され、2016年度よりプログラミング教育を全学年で実施。

利根川のココが**ポイント！**

1　プログラミング的思考を養う手段としてOK！
コンピュータを使わず、心に残ったことを作文にする活動でプログラミング教育をしたことになるかというと難しいですが、プログラミング的思考を養う手段として授業に取り入れている点で好事例といえます。

2　アンプラグド型は準備が大事
アンプラグド型（p.126）の学習は端末が不要ですが、先生自身のプログラミングへの理解が深くないと授業の進行中に想定外の質問が出た際に対応できません。外部講師や先行実施をしている先生と一緒にソフトウェア型教材を体験するなどプログラミングへの理解を深め、アンプラグド型授業の準備を入念にしましょう。

3　学力にも好影響か!?
古河市の教育委員会の方から学力テストの結果が向上したと聞きました。先生・児童双方の論理的・創造的思考力が養われた成果かもしれません。

第4章 プログラミング教育の授業実践例
茨城県・古河市立大和田小学校

プログラミング授業を行う上での設備環境

- **パソコン・タブレット**：全児童にセルラーモデルの iPad を1人1台配布。
- **通信環境**：LTE を完備。
- **その他**：普通教室に Apple TV を完備、動くロボットも2種類あり、授業内容に合わせて使用可能。

児童観

小規模校ゆえに、児童たちは保育園から小学校までずっと一緒に過ごす兄弟のような関係性になっている。関係ができている一方で、一度序列ができてしまうとそのポジションに甘んじてしまうという傾向がある。プログラミング教育実施の前に確認したところ、プログラミングとは何をすることかを知っていたのはクラス10名中1名。

単元のねらい

時系列に文章を整理し、思いも交えて作文に表現する。

単元の流れ

1時間目
作文の材料を集める。箇条書きにして、作文にする材料を整理する。

2時間目
作文を書く。時系列に物事を並べるだけの子も多いので、自分の感情や気持ちを整理する「イメージマップ」をつくる。

3時間目 本時
シーケンス（命令の順序）を学ぶ。シーケンスと教科、身の回りのコンピュータとの関連を確認する。シーケンスに従い、自分の作文を分解。接続詞（つなぎ言葉）と短冊を使って、自分の作文を整理していく。

4時間目
児童自身で、1時間目で書いた自分の作文を本時で学んだ観点で見直し、青字で修正する。
教科の課題とシーケンス（命令の順序）の観点について、それぞれ振り返りを行う。

事例1　国　語

心に残ったことを作文にまとめる

使用教材	**ルビィのぼうけん**　れんしゅう1：シーケンス（順番に並んだ命令）
本時の狙い	伝えたいことの中心を決めて組み立てを考え、心に残った出来事を伝える文章を書くことができる。出来事を羅列していくのではなく、話の中心を決め、具体的に表現することができるようにしていく。

本時の展開

時間		学習活動	留意点・方法
導入 3分	●問題提起 本時の目標を児童が理解する。	○本時の目当て「ルビィにわかりやすい命令をしてみよう」を知る。	【一斉学習】 ○本単元のねらいとゴールを確認し、本日の授業の流れの確認を行う。大型ディスプレイを使用する。
展開 30分	●情報の収集 ●整理分析 ●理解 シーケンスを使い、時系列に沿って出来事を深く洗い出す力を育成する。	○**ルビィのぼうけん**を使い、シーケンス（命令の順序）の考え方を学習する。 ❶ルビィが指示された通りにしか動かないことをおさえる。【1分】 ❷3、4人のグループになる。 ❸最初のテーマ「朝ごはんを食べる」について取り組む。 ・グループで、命令を考える。【10分】 ・実際に体を動かしながら、命令の検証を行う。必要であれば、言葉を付け足す。 ・ジグソー法[※]を使い、それぞれグループで考えた命令をiPadで撮影。【5分】 ・他グループの様子を持ち帰り、自分のチームの命令をブラッシュアップ。【5分】 ❹2つ目のテーマ「お風呂に入る」について取り組む。 ・最初のテーマと同様の活動を行う。 ❺グループごとに発表しながら、聞いている班は実際に命令通りに動いてみる。	【協働学習】 ○朝読書などでも読んだことのある**ルビィのぼうけん**を使い、グループで読む。ルビィの特徴を把握する。 ○ホワイトボードに、順番に命令を書きあげていく。 ○グループのスタートの基準（すべての用意を済ませているところ）を合わせる。 ○教師は、机間巡視しながら悩んでいるグループの支援を行う。
まとめ 12分	●表現 自身の書いた作文を振り返り、加筆修正する。	○シーケンスの考え方を生かして、前時に書いた「心に残ったこと」の作文を接続詞（つなぎ言葉）のカードと短冊を利用して整理する。【5分】 ○教師が本時の学びを黒板にまとめる。 ○コンピュータは、「指示した通りにしか動かない」という特性を伝える。	【個別学習】 ○順序立てて書くことを知り、話の中心がより伝わるように自分の作文に補足を加えることができるようにする。 ○順序の大切さを意識できるようにする。

※ジグソー法とは、1つの長文をグループの人数で区切り、1人ひとりが一部分を担当して、全員で持ち寄り、協力して全体を学習する方法。

第4章 プログラミング教育の授業実践例
茨城県・古河市立大和田小学校

授業準備の進め方

教員研修	4月に企業の担当者を招き、教員研修を実施。パソコン上でプログラミングを実際にやってみて、「運動会のプログラム作成などと一緒だ！」などの感触をつかむ。物事を整理して並べていく作業なのだということを、全教師が認識する。
授業で使用する、接続詞（つなぎ言葉）を書いたカードと児童が書き込む短冊の作成	「それから」「その後」などの接続詞（つなぎ言葉）を書いたカードと、児童が自分の行動などを書き込める短冊、さらにそれを貼るワークシートを準備する。
教科への接点の見出し、指導案の作成	教材とした**ルビィのぼうけん**と教科の接続を確認。どのように使うと効果が最大化するか検討した。また、その仕組み作りを指導案に落とし込んだ。
チームに1台ホワイトボード	1グループにつき、1台ホワイトボードを用意。

児童の様子

❶ 体を使って、「命令通りに動く」とはどういうことかを学んでいく。

❷ ホワイトボードへグループごとに命令を書き出して、他のグループから仕入れた情報を基に加筆する。子どもたちの生活習慣によって、あまり大きく違いが出ないような題材をチョイス。「お風呂に入る」1つとっても、12ステップほどの命令が出た。グループ発表は、発表者の命令に合わせて、体を動かす活動を入れることにより、一層理解が深まる。

〈テーマ1の「朝ごはんを食べる」の記述〉　〈テーマ2の「お風呂に入る」の記述〉

❸ 前時に書いた「心に残ったこと」の作文を修正。子どもたちが各々接続詞（つなぎ言葉）カードと短冊を使い整理する。

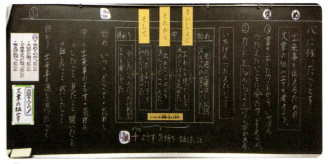

❹ 最後に教師が本時の学びを黒板にまとめる。

細かく情景を表現できるようになる 作文指導×プログラミング教育の可能性を実感

プログラミングのイメージは？

得意でも、勉強したことがあるわけでもなかったので、「プログラミングをする」となった際には、難しいコードを覚えなければいけないのかと思い、戸惑いました。

学級の様子を教えてください。

11月に本時を行ったので、運動会などを経てクラスとしてはまとまってきたタイミングでした。プログラミングに関しては、クラス10人の中で1人だけ理解している子がいました。保護者のパソコンを触っているうちに楽しくなり、プログラムを作るようになったそうです。

実際に授業をしてみてどうでしたか？

国語、算数、社会、音楽、「総合的な学習の時間」で実施する中で、「プログラミング的思考とはどういうものか」ということが、見えてきたように感じています。最初にイメージしていた、「難しいコードを並べる」ということでは決してなく、課題をより素早くスムーズに解決するためにプログラミング的思考が必要なものなのだと認識しています。教科のねらいにプログラミング的思考の活用を落とし込んでいくことができれば、教科の知識も得ながら生きる力の育成にもつなげていける。そんなふうに思っています。

プログラミングという言葉で、「難しいかも」と構えてしまっている先生方は、実際に授業で実践してみると見方が変わってくるかもしれません。私は、今回プログラミングに触れて、教科の中にはプログラミング的思考につながる部分がたくさんあると感じました。新たなことを始めると思いがちですが、授業の中に潜んでいたプログラミング的思考を焦点化し、子どもたちに意識させることこそが何よりも重要だと思っています。

授業の中での工夫を教えてください。

【実際に体を動かして理解させる】

考え方を教えるだけでなく、実際に児童が動く活動を入れることを重視しました。低学年から中学年くらいにかけては、まだ言葉で説明しただけでは理解は難しいと感じています。

【アンプラグドの大切さを具現化】

本時でタブレットを使ったのは、発表の際に自分たちの書いた命令をカメラ機能で撮影し、投影するときだけ。それまでは、「あえて」タブレットは使いませんでした。

アンプラグドで授業をすることにより、プログラミング的思考を1人ひとりに定着させることができたと感じています。ICT機器を使うと、どうしても児童の心はそちらに向かってしまいます。もちろんICT機器による活動に没頭することも重要ですが、「理解を深める」「プログラミング的思考を整理して身につける」という意味では、アンプラグドの授業は欠かせないと考えています。

【シーケンス（命令の順序）で時系列に書かせることと、感情表現を結びつける】

本時では、シーケンスを使い、子どもたちに時系列で文章を書くトレーニングをしました。しかし、作文の練習をする上では、それだけでは不十分。自分の感情表現も上手にできないといけないでしょう。そこで、前の授業で、思考ツールの「イメージマップ」をつくり、自分の"気持ち（感情）"の部分に注目して整理することをしました。

本時では、それと出来事を結びつけていけばよいので、それぞれの子どもたちが時系列の正確さと感情表現の両方を合わせもった作文に仕上げて

第4章 プログラミング教育の授業実践例
茨城県・古河市立大和田小学校

いくことができました。

授業の中で特に伝えたかったことは？

順序よく話したり書いたりすることは、小学校段階において必ず身につけなければいけない重要な力です。しかし、訓練をしていない児童の場合、1行書くことにも抵抗感があるような状況です。日記などを使いながら、1行を2行にし、3行にしと増やしていきます。自分の中で物事を時系列に整理できていなければすぐに鉛筆が止まってしまいます。そこで、シーケンス（命令の順序）を取り入れた時系列の習得は絶対に行いたいポイントでした。

その上で、細かく時系列を追えることを大事にしました。**ルビィのぼうけん**のシーケンス（命令の順序）は細部まで指示を出していますよね。もちろん、ただ事実を並べただけでは文章にはならないので、「一番心に残ったことってなんだっけ」という掘り下げからスタートし、その掘り下げたポイントを一層具体的にできるよう指導をしました。例えば、「おはぎを作ったこと」を主題としたら、どんな順番で、誰と、どんなふうに作っていたのかということを、具体的に細かく書き表していける力をつけたいと考えていきます。

児童の変化で印象に残るものはありますか？

具体的に出来事を掘り下げて作文を書こうとする姿勢が身についたと思います。時系列を追っていくだけでなく、自分の一番の思い出のシーンを掘り下げるということができるようになりました。

教科の学習とプログラミング教育をもっと綿密につなげられるようにしたいと思っています。これからも、つなげられるポイントがないか、あらゆる教科で探っていきたいと考えています。

また、ツールに縛られずにプログラミング教育ができるよう理解を深めていきたいです。

この1年間、プログラミングを授業に取り入れてきましたが、いろいろな授業で何度も繰り返し実施することで、プログラミング的思考が育つのだということがわかってきました。「一度授業で取り上げたから終わり」というわけではなく、プログラミングに関するスパイラルな学びを実現していくことで、プログラミング的思考を児童に根付かせていきたいと思っています。

今後の課題

授業を振り返り、課題に感じたことを教えてください。

【教師の指導力向上体制の構築】

プログラミング教育を教科に落とし込むのは、どの先生も初めての体験だと思います。私自身、毎回「これでいいのかな」という迷いの連続。今回の授業においても、誰かに相談をしたいと思っていました。学校内外を問わず、教員が相談できる仕組みができると心強いと感じています。

【低学力層の児童の引き上げ】

今回の指導で、中間層から上位層に関しては、シーケンス（命令の順序）と心に残ったことの体験を具体化することができるようになりました。しかし、なかには、作文の改善にまでつなげられない子もいたので、今後一層授業を磨いていきたいと思っています。

今後の展望

今後、挑戦したいことを教えてください。

事例2　算　数

「正多角形の角」の理解のために
プログラミング教育を掛け合わせる

東京都・狛江市立狛江第五小学校の竹谷正明先生（取材当時）は、これまでクラブ活動などでプログラミングを小学生に教えてきた。また、主任教諭として研修などを通じて、プログラミング教育を校内に教える立場にもあるという。
教科とプログラミング教育を組み合わせられると手応えを感じ、いくつかの授業実践を積み重ねてきた。その中で、今回は図形の角度の学習とプログラミング教育を掛け合わせた算数の授業について話を伺った。

図形のイメージの理解に、プログラミングは有効！

東京都・狛江市立狛江第五小学校
竹谷正明 先生
（主任教諭、算数習熟度別担当）[取材当時]

- 学校種：公立
- 規模：1学年2、3クラス、全校児童数約500名
- 住所：東京都狛江市東野川1丁目35−13
- URL：http://www.komae.ed.jp/ele/05/
- 特徴：2011年「狛江の教育21　研究協力校」に指定される。

利根川のココが **ポイント！**

1　正多角形でのプログラミング
新学習指導要領でのプログラミング実施単元として例示された正多角形での事例です。教科書にも本単元はプログラミングと掛け合わせて掲載される見込みですので、必ずおさえておいてください。

2　算数的な見方・考え方
単にプログラミングを学ぶだけではなく、正多角形を作図するときのきまり（回す角の和が360°になるなど）に気づかせるしかけに注目してください。

3　理解を深める授業の段取り
単純に正三角形→正方形→正五角形と進むのではなく、学習のステップを意識して、正方形→正三角形→正六角形→正五角形という順序で展開することで児童の図形への理解が深まります。

4　最後は自由に図形を描いてみる
最後の10分程度ですが、自由に図形を描いてみる時間を取ることで、単に必要な事項を詰め込むだけでなく「図形って、おもしろい！」と気づくきっかけを与えましょう。

第4章 プログラミング教育の授業実践例
東京都・狛江市立狛江第五小学校

プログラミング授業を行う上での設備環境
- **パソコン・タブレット**：iPad41台。
- **通信環境**：Wi-Fiアクセスポイント搭載の電子黒板を使用。
- **その他**：iPadと電子黒板をセットで普通教室に持参し、授業を行う。

児童観
算数の授業では3クラスを4展開しており、発展（1クラス）・基本（2クラス）・補充（1クラス）のコースに分けている。今回の授業は、発展コースの児童に行ったため、計算などへの知識理解は優れている。パソコンは家庭にあり、プログラミングがどういったもので利用されているかをイメージはできている児童が多い。また、「プログラミングクラブ」や夏休みのプログラミング体験に参加したことのある児童がクラスの3分の1ほどを占めた。

単元のねらい
図形についての観察や構造理解などの活動を通して、平面図形についての理解を深める。さらに、図形の性質を見いだし、それを用いて図形を調べたり構成したりする。

単元の流れ（全8時間）

1時間目
- 学習活動
  - 直角三角形の直角以外の2つの角の和を調べる
  - 三角形の内角の和を分度器で調べ、内角の和が180°と予想する。
- 評価
  - 三角形の内角の和が180°であることを、活動によって予想している。

2時間目
- 学習活動
  - 三角形の3つの角の和が180°になることを帰納的に考え、説明する。
  - 三角形の内角の和をもとに、計算して三角形の内角を求める。
  - 三角形の内角と外角を求める。
- 評価
  - 三角形の内角の和が180°であることを帰納的に考えている。
  - 三角形の内角や外角を計算で求めることができる。

3時間目
- 学習活動
  - 四角形の内角を測ったり、頂点を集めたり、四角形を三角形に分けたりして、内角の和を調べる。
  - 四角形の4つの角の和が360°になることを演繹的に考え、説明する。
- 評価
  - 四角形は三角形に分けられることから、三角形の内角の和を使い、四角形の内角の和を演繹的に考えている。

4時間目
- 学習活動
  - 四角形の内角を測ったり、頂点を集めたり、四角形を三角形に分けたりして、内角の和を調べる。
  - 四角形の4つの角の大きさの和が360°になることを演繹的に考え、説明する。
- 評価
  - 四角形は三角形に分けられることから、三角形の内角の和を使い、四角形の内角の和を演繹的に考えている。

5時間目
- 学習活動
  - 多角形の角の大きさの和を演繹的に考えて説明する。
  - 五角形を描き、内角の和を調べる。
- 評価
  - 多角形の内角の和の求め方を、式を用いて考えている。

6時間目
- 学習活動
  - 六角形の内角の和を調べる。
  - 多角形や対角線の意味を理解する。
  - 多角形の内角の和についてまとめる。
- 評価
  - 多角形の内角の和の求め方を理解している。

7時間目
- 学習活動
  - 三角形、四角形、五角形、六角形の内角を計算で求める。
  - 三角形、四角形の内角を計算で求める。
  - 三角定規で作った角を、三角形、四角形の内角の和を利用して、計算で求める。
  - 多角形の内角の和の求め方を説明する。
- 評価
  - 学習したことをもとに様々な角度を計算で求めることができる。

8時間目 本時
- 学習活動
  - 多角形の内角の和をもとに、正多角形の1つの角を求める。
  - 正多角形を描くプログラムを考える。
- 評価
  - 正多角形の1つの角の大きさを求め、それをもとに正多角形を描くプログラムを考えることができる。

事例2　算　数

内角の和の理解から、正多角形をプログラミングで描く

使用教材	Pyonkee（ピョンキー）：Scratch をベースにした iPad 用アプリ
本時の狙い	正多角形の1つの内角の大きさをもとに、正多角形を描くプログラムを考えることができる。

本時の展開

時間	学習活動	○留意点　★評価
2分	**既習事項の確認をする** 　多角形の内角の和について学習したことを想起する。	○三角形の内角の和が180°であることをもとに多角形の内角の和を求めることを確認する。
20分	**課題をつかむ** 　　==プログラミングでいろいろな正多角形を描こう== **正方形の描き方を考える** 　辺の数が4本、1つの角が90°をもとにして考える。 **正三角形の描き方を考える** ・1つの角の大きさを求める。 ・辺の数3本、1つの角60°をもとにして考える。 ・うまくいかない場合、どこを変えればよいか考える。 ・必要な数値を変えてやり直す。 **正六角形の描き方を考える** 　正三角形でうまくいかなかったことをもとに考える。	○「繰り返し」ブロックの使い方を確認する。 ○「60°回す」ではうまく描けないことを確認する。 ○外角の大きさを考えるとうまく描けることに動作で気づかせる。
10分	**正五角形の描き方を考える** ・これまでの結果を表にまとめ、きまりを考える。 ・きまりをもとにして、正五角形が描けるプログラムを考える。	○繰り返す数×回す角度が360°になることを確認する。
10分	**いろいろな正多角形の描き方を考える** ・自分で考えた正多角形を描くプログラムを考える。 ・できた多角形とプログラムを発表する。	○必要に応じて、電卓やヒントカード（演算ブロックの説明）を使わせる。 ★試行錯誤しながらも自分の考えをプログラムで表現しようとしているか（観察・成果物）。
3分	**振り返りをする** 　「今日の授業で感じたことや考えたこと、もっとやってみたいことを書きましょう。」	

第4章 プログラミング教育の授業実践例
東京都・狛江市立狛江第五小学校

授業準備の進め方

アプリの ダウンロード	児童が視覚的に図形を理解しやすいツールとしては、**Scratch**（スクラッチ）が広く知られているが、Flashが必要なのでiPadでは使用ができない。このように、自校のICT環境でどのアプリが使用できるのかを確認することも重要。 そこで今回は、**Pyonkee**（ピョンキー）というアプリを使用した。
iPadの充電	iPadの充電スポットをパソコン室に設置している。当然のことながら、充電がなされていなければ、授業で使用ができないため事前の確認が必須。
指導案、プリントの作成	授業設計のために指導案を作成。さらに、プログラミング教育を「やりっぱなし」にせず、算数の学習の理解・定着につなげるためにプリント（資料1）を用意した [※]。

児童の様子

❶ 繰り返しブロックの使い方などを確認しながら、正方形の描き方について児童自身が試行錯誤する。

❷ 正三角形の描き方を教師がトライアンドエラーをしてみせる。

❸ 正六角形や正五角形を、ペアワークで描く。

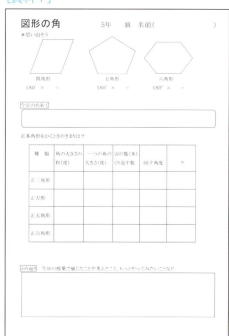

[資料1]

❹ 自身で考えたり友達と話したりする中で、多様な正多角形を描いていく。

※ 指導案、プリントの作成にあたり、阿部和広・倉本大資（2016）『小学生からはじめるわくわくプログラミング2』日経BP社、p.50～67（多角形と星形図形）を参考にしています。

「うまくいかない」体験を入れることで児童に気づきを促し、図形をプログラミングで描く活動を実践

プログラミングのイメージは？

私はパソコンが市販され始めた頃から使っていました。最近は、エクセルで簡単なマクロを組んでみるなどもしていました。つまり、結構パソコンには興味があったのです。

コンピュータは便利に使えるものという捉え方をずっとしていたので、できればこれからの時代を生きる人には早い段階からそれを使いこなせるようになってほしいなと思っていたのです。

そんなふうに、子どもたちへコンピュータやプログラミングの教育についての思いを抱いていたときに、「プログラミングが、小学校の教育課程に入る」ということが話題になりました。そこで、実際に授業の中でトライしてみようと考え、算数の授業に取り入れました。

授業の中での工夫を教えてください。

授業展開の中で、児童に一度失敗を経験させることを大切にしています。本時でも正三角形がうまく描けない過程をポイントとして入れました。正三角形を書かせる際に、内角の和は180度だという既習内容を振り返り、「1つ分の角は60度回すのでいいよね？」と児童に発問しながら、教師がトライして見せました。

しかし、実際は60°回転するのではなく、「180°－60°＝120°」回転させなければいけません。それを、結果が予想と違うことで気づかせたいと思いました。プログラミングでいう、デバッグにあたる作業を経験させることを大事にしたかったのです。最終的には、外角がわかれば正三角形を描くことができるということに気づけますよね。そこをスーッと通りすぎてはいけないと思い、引っかからせるように仕組みました。

とはいえ、子どもに失敗させてしまうのは、いろいろな配慮が必要です。ですから、今回の授業では、教師の私が失敗してみせ児童に気づかせるようにしました。

授業の中で特に伝えたかったことを教えてください。

プログラミングの繰り返しの便利さや、一部を変えると結果が変わるということを実体験として学ばせることです。それが、プログラミングの基礎になると考えました。今回の授業では、そうしたことを感覚的につかめるようにはなったのではないかと思います。

正方形は、「90°×4角」ですから360°になります。「では、正五角形は何度回せばよいのだろう？」と考えさせます。360°を5で割れば一角の角度が出るはずだと考えを巡らすことができます。そうすると、一角72°と導きだせますよね。その後、「考えたことがその通りかどうか確認してみよう」と促し、「見つけたきまりは本当だったんだ！」と気づかせるという思考の流れを組みました。

児童の変化で印象に残るものはありますか？

授業の最後の10分弱は、自分で好きな図形を描いてみようという時間をとりました。正三角形の描き方を応用することで、描くことができます。

その中で、「45角形を描いたら、円に近くなった！」という子がいて、「45角形は手で描くとすごく大変だけれども、プログラミングならば描くことができるね」ということをクラスに向けて伝えることができました。

コンピュータのよさや可能性みたいなことに気づくきっかけになったのではないかと思っています。

今後の展望

今後、挑戦したいことを教えてください。

【多様な児童を対象に】

今回は、習熟度が上のクラスを対象に授業を行いました。算数の理解などに問題がない子どもたちだったので、授業のやりやすさはあったと思います。これが、他の児童であった場合はどのような変化があるかと検討しています。習熟度ではなく、学級ベースで理解度なりタブレットの操作なりを検証してみたいと考えています。

【他の教科や単元で実施したい】

小学校には多様な子がいますが、教え合いやフォローアップで、どの子にもある程度プログラミングについて理解させ、コンピュータを扱うときの感覚は身に付けられると考えられます。

一方で、無理やり教科にプログラミングを入れようとすると、こじつけになってしまう危険性があります。

教科の学習を効果的にするためにプログラミングを取り入れるには、どんなアプローチがあるかを教師が真剣に考える必要があるでしょう。

プログラミング教育として、図工で自分がイメージした図形をコンピュータで描かせて模様をあしらってみる活動ができると考えています。図形に関する学習は、考えたことが視覚化されるのでプログラミングと親和性があると思います。

今後の課題

授業の課題を教えてください。

時間のやりくりが一番の課題だと感じています。プログラミング教育をうまく組み込んでいければよいのですが、45分内に教科の内容とタブレットなどの操作が求められるので、どうしても追われるようになってしまいます。時間があれば、七角形を描かせたり、72°なら72°と数字で記入するのではなく数式（360÷7）を入れる操作をしたりということを試してみたかったです。そうすると、分数で表記すると七角形が描けるというようなことが理解できるようになるはずです。算数の学びが非常に発展的になりますよね。今後も、時間の効果的なやりくりを考えていきたいと思います。

事例3　算　数

授業目標に合うプログラミング教材で倍数の理解を深める

これまでICTの授業に熱心に取り組んできた静岡県・浜松市立三ヶ日西小学校（取材当時）の菊地 寛先生。
今回初めて、プログラミング教育を教科に取り入れた。算数の目当てに合致した**プログル**を使い、スムーズに倍数の理解を深められたという授業実践を振り返る。

プログラミング教材を使うことで学びが効果的に！

静岡県・浜松市立三ヶ日西小学校
菊地 寛 先生
（5学年担任）[取材当時]

L

- 学校種：公立
- 規模：1学年2クラス、児童数約名280名
- 住所：静岡県浜松市北区三ヶ日町三ヶ日301-1
- URL：http://www.city.hamamatsu-szo.ed.jp/mikkabinishi-e/index.html
- 特徴：明治時代から続く伝統ある小学校。浜松市は社会のグローバル化やICT化への意識を今後教育で持つ必要があると掲げている。

利根川のココが**ポイント！**

1　教科 × プログラミングの好事例
手前味噌ですが、「みんなのコード」が開発した**プログル**を使い、プログラミング教材がそのまま教科の学習目標を達成する事例です。

2　グループ学習での教育効果を高める
使用した教材は個人での学習活動とすることもできましたが、本事例ではグループでの学習活動にし、その方法を工夫することでより効果的な学習活動ができています。

3　課題が次のレベルへ
全体としての教科の学習・プログラミングの学習の手応えを感じているため、どうやって個人の評価に落とし込むのかという次の課題に進んでいます。読者のみなさんならどのように評価するか考えながらご覧ください。

第4章 プログラミング教育の授業実践例
静岡県・浜松市立三ヶ日西小学校

プログラミング授業を行う上での設備環境

- **パソコン・タブレット**：コンピュータ室に1クラス分のパソコン（Windows 7）がある。ICTを用いる授業の際には、タブレットをヤマハ、スズキ教育ソフト、デジタル・インフォメーション・テクノロジーなどからレンタルして使用している。
- **通信環境**：パソコン室に有線LANを配備。学校支給の教員が使うパソコンのみ使用できるWi-Fiが教室にはある（タブレットでは使用不可）。

児童観

4年生までICT機器をほぼ使用した経験がなかったが、5年生になりタブレットを使用するようになる。1年間機会があるごとにタブレットを使用していたので、子どもたちはパソコンよりもタブレットのほうが慣れている。グループでのアクティブ・ラーニングの授業も多く経験している。

単元のねらい

倍数や約数などの意味を理解し、倍数の全体や約数の全体をある数の集合としてとらえられるようにする。さらに、整数をある観点を定めていくつかの集合に類別できるようにする。

単元の流れ

1時間目
- 目標：倍数の意味を理解する。
- 学習活動：倍数の仕組みについて伝え、それには限りがないことを教える。

2～7時間目省略

8時間目
- 目標：偶数と奇数の意味や違いを理解する。
- 学習活動：これまでの倍数と約数の話から、整数には奇数と偶数があることを理解する。

9時間目
- 目標：倍数、約数を振り返り定着する。
- 学習活動：使用した教材を見ながら、この単元で学んだことを理解する。

10時間目 本時
- 目標：プログラミングを行いながら倍数、約数を実践的に学ぶ。
- 学習活動：単元のまとめとして、**プログル**を使いながら理解させ、定着を図る。

61

事例3　算　数

倍数と約数の単元のまとめ

使用教材	プログル（公倍数コース）
本時の狙い	プログラムづくりを通して、倍数、公倍数の求め方を考える。

本時の展開

時間	ねらい	学習活動	留意点・方法
導入 5分	前時の倍数と約数を振り返りながら、**プログル**の操作を確認。	○前時に単元の復習を行ったので、それを思い出すよう促す。 ○本時では**プログル**を使用することを説明し、〈つなげる〉〈実行〉〈命令〉などの操作を確認する。	○パソコン教室へ移動させておく。 ○3人1グループで座らせる。 ○画面転送を使い、児童に説明する。
展開① 10分	**プログル**の1〜2を教師がクリアして見せる。	○教師が見本を見せて、実際の**プログル**の操作を理解していく。 ○ブロックのつなげ方、外し方、消し方、実行やリセットのしかたを知る。	○グループ3人で協力して進めるように伝える。場合によっては、「考える係」「打ち込む係」など役割分担をしようと投げかける。 ○「どんどん進めたい気持ちはわかるが、全員理解して進めていこう」と伝える。
展開② 25分	グループで進めていくよう促す。	○教師は机間巡視しながら、児童に声かけをする。 ○グループごとに進度の差が大きく出てしまったら、スピードが速い子を遅いグループに入れるなど、入れ替えを行う。	○極端に遅れてしまう児童がいないようグループごとに教え合うように促す。 ○手が止まっているグループがあれば、前ステージに戻り振り返って考えさせる。
まとめ 5分	グループごとに学んだことを振り返る。	○グループごとにどのステージまで進んだかを発表。 ○教師が発問し、各々気づきをシェアする。	

第4章 プログラミング教育の授業実践例
静岡県・浜松市立三ヶ日西小学校

授業準備の進め方

前時に倍数と約数の内容を振り返る	本時でプログラミングを行って体感的に倍数と約数を学ぶ前に、講義形式で理解を整理する時間を設けた。
パソコンの起動確認操作	**プログル**がパソコン室のパソコンでスムーズに操作ができるか授業前に確認をした。
児童のグループ分けをする	学力のバランスがよくなるように3人のグループ分けを行った。

児童の様子

① 倍数と約数の振り返りと操作説明をする。1、2ステージは教師が解説。

② 3人グループで**プログル**を進めていく。

③ 3〜7ステージほどは、多くの児童がどんどん進めていくことができる。

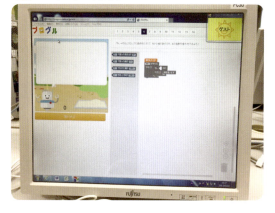

④ 10までのステージに進むと、公倍数の考え方で解く段階に。過半数のグループがここまで進むことを目標として授業を進める。

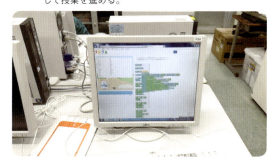

⑤ 教師が発問し、3人グループでどこまで進むことができたか、どんな学びを得たかを発言させる。

グループでプログラミング教育を行い
夢中になりながら学びを定着させる

プログラミングのイメージは？

　私は、教科に関わらずいろいろな授業でタブレットを使用してきました。しかし、プログラミングはパソコンクラブで子どもたちにさせていた程度。教科とプログラミングをどうマッチさせればよいか見えていなかったので、踏み出せなかったのです。今回使用した**プログル**は、小学校の倍数と約数の部分の学びに合わせてつくられた教材ということで、授業に取り入れられるイメージが持てたので実践しました。

実際に授業をしてみてどうでしたか？

　実際に、教科の目当てにちゃんと落ちているので「これならやれる」という実感を持ちました。算数の目的通り、本質的なことを学びながら、プログラミング的思考を体得するという意義を実感することができました。子どもたちを見ても、ただゲームを楽しんでいるというわけではなく、算数の理解を深めているということがわかり、手応えを感じました。

授業の中での工夫を教えてください。

　今回の授業であれば、個人ワークにすることもできたと思いますが、私は3人グループを組ませて取り組ませるという工夫をしました。グループ編成は、学力と子どもたちの関係性から私が決めました。グループワークをすることで、一層倍数と約数の理解を深められると感じましたし、子ども同士で教え合いながらできるので学習についていけない子が出ないだろうと考えました。

　さらに、グループをきちんと機能させるためには、教師のタイミングをおさえた声かけが重要になると思っています。実際に、思うとおりになっていないグループがあれば、「なんで思うとおりにならなかったのかな？」とそもそもの考え方に立ち戻るように促します。「今は5の倍数で悩んでいるけれど、3の倍数のときはどうやったんだっけ？」と前のステップを振り返らせることもあります。時には、あてずっぽうでブロックを置いて、理解していないまま、まぐれでクリアしてしまう子もいます。しかし、それではどこかのステージで必ずつまずきます。グループの中で気づくことが一番ですが、教師が声をかけることできちんと理解して、ステップを進めていくのです。

　また、特定のグループだけがハイスピードでステージを進めていたので、途中でグループのメンバーを入れ替えました。こうした見取りも担任として、大きな役割だと思っています。

児童の様子で印象に残ることを
教えてください。

　授業の最後の10分弱は、私の想像よりも、子どもたちはどんどんステップを進めることができていました。グループで進度の差はありますが、全員参加して頭で考えることができている様子でした。

　特に印象的だったのが、算数が得意ではない子がグループの中心になってどんどん解くことができていたことです。感覚的に理解できたり操作できたりする子なのだと思います。プログラミング教育はそういう子が、クラスで主役になれる機会となるのもよいですね。

　授業の最後に、「3の倍数ってなに？」と全体に向けて発問をしました。するとある子が、「3、6、

9……」と発言をして、すかさず「いや違うだろ！」というツッコミが他の子どもから入るという一幕がありました。最終的に、「3で割るとゼロになる数だよ」という声が上がり、子どもたちの中で倍数の考えが深まっているのだなと実感しました。

今後の展望

今後、挑戦したいことを教えてください。

次年度は4年生の担任なので、その学年でできるプログラミングの学習を見つけたいと思っています。また、私の専門は理科なので理科でプログラミングができるようにしたいと思っています。その際にも、**プログル**のような本質的な教科の学習につながる教材を選んでいきたいです。

てワークシートを書かせてもよかったでしょうし、最低限のことは理解できているかを測るために、最初に個人で**プログル**に取り組ませ、その後、応用的なステージになった際にグループで活動させるという方法もあったでしょう。今後、個人とグループの活動の組み合わせ方をより掘り下げて考えていきたいと思います。

【プログラミングの考え方を確認したかった】

また、公倍数の気づきを発表させるのではなく、組み方の条件の部分、つまりプログラミング的思考について振り返らせることも有効かと思いました。「もし〇〇だったら」などの思考の過程を発表させ、1人の学びを全体に広げることも効果的だと考えています。

今後の課題

授業を振り返り、課題に感じたことを教えてください。

【個人の評価にまで落とし込みたかった】

アクティブ・ラーニング型の授業をする際には、授業の最後に個人でワークシートを書くなどの、個々の評価を設けています。授業なので、1人ひとりの到達度を測ることが重要だと思うからです。

しかし、今回は個人の見取りまではできませんでした。グループでの成果物は出せましたが、1人で思考をまとめる時間をつくってもよかったと思っています。例えば、最後に1人ひとり振り返っ

事例4　理科

アクティブ・ラーニングとプログラミングで理科の実験を実施

大阪市立苗代小学校の金川弘希先生は、大阪市教育センターの「がんばる先生支援」事業を受託し、学校の中核として、プログラミング教育を推進している。理科の振り子の単元でプログラミングを取り入れた授業について話を伺った。

パソコンは大の苦手でした！しかし、児童が夢中になる姿に後押しされてプログラミング教育を入れようと決意。

大阪府・大阪市立苗代小学校
金川弘希 先生
（5学年担任）

- 学校種：公立
- 規模：総児童数約460名、1学年2クラス〜3クラス。
- 住所：大阪市阿倍野区阪南町1-26-30
- URL：http://swa.city.osaka.ed.jp/swas/index.php?id=e711608
- 特徴：学校として、プログラムロボット学習、低学年理科のモデル校としての実践、ICT教育の取り組みなどを開始している。金川先生が、大阪市教育センターの「がんばる先生支援」事業で助成を受ける。

利根川のココが **ポイント！**

1　直接触れられるロボット型教材の優位性

ロボット型教材は予算の制約などにより導入学校数はまだ少ないのですが、本事例のように実物を使うことで児童が夢中になり学習することができる特徴があります。

2　教具としての優位性を生かす

振り子の往復する時間をストップウォッチで測ると事後の検証がしにくいという課題がありましたが、本事例のようにすぐにグラフ化できれば後から議論がしやすくなります。「プログラミングと組み合わせたほうがより深い学習ができる」のが本事例のポイントです。このように従来からのアナログの計測手法よりもコンピュータで記録したほうがよい単元は他にもあります。本事例を参考に他の単元への応用例が出て来ることを楽しみにしています。

3　予算が無いなら取ってくる！

本事例の場合は、大阪市教育センターの「がんばる先生支援」という制度を活用し予算を獲得しました。つい「予算がないから厳しい」と思考停止しがちですが、様々な制度や地域の方からの支援を活用して教育の機会を提供してみてください。

プログラミング授業を行う上での設備環境

- **パソコン・タブレット**：パソコンルームに、パソコン1クラス分完備。
- **通信環境**：パソコンルームは、Wi-Fi接続可能。
- **その他**：大阪市阿倍野区と**レゴ**が包括協定を結び、区役所が**レゴ**アイテムの管理・貸し出しを行っている。

児童観

落ち着いている子どもが多い。具体的に「〜だから、〜なる」「〜なると思う。なぜなら〜だから」など、仮説と理由を結びつけることができる子どもが少ないことが課題。振り子学習への理解では、「大人と子どもが同じ高さからブランコをスタートさせるとどうなるか」に対して、「同じように動く」と答えた子どもは13%。しかし、それ以外の子どもは、「子どもは軽いから速く動き、大人は重いのでゆっくり動く」「大人は重いので勢いがつく」「バラバラに動く」と答えており、重さによって往復する時間が変わると考えている子どもが多かった。

単元のねらい

おもりを使い、おもりの重さや糸の長さなどを変えて振り子の動く様子を調べ、「糸につるしたおもりが1往復する時間は、おもりの重さや振れ幅によっては変わらないが、糸の長さによって変わる」などの振り子の運動の規則性について理解することができるようにする。

単元の流れ (全6時間)

1時間目
- 目標：振り子ロボットの波形からデータを読み取る。
- 学習活動：振り子ロボットのデータを読み取り、振り子について考える。

2・3・4時間目 本時
- 目標：振り子が1往復する時間は、どんな条件で変わるか調べる。
- 学習活動：予想・実験計画をたて、振り子ロボットを作り、プログラミングをする。
  - ○実験・考察（おもりの重さを変える）
  - ○実験・考察・まとめ（振れ幅・振り子の長さを変える）

5・6時間目
- 目標：振り子の原理を理解し、自分たちの振り子を作る。
- 学習活動：振り子を作る。

事例4　理科

振れ幅・振り子の長さを変える実験の考察・まとめ

使用教材	レゴ マインドストーム EV3
本時の狙い	振り子の運動の変化とその要因を関連付けて考察し、自分の考えを表現する。

本時の展開

時間	子どもの学習活動や子どもの思考（★）	指導上の留意点や指導者の支援（●）
5分	前時に行ったおもりの重さを変えた実験の結果・考察を振り返り、問題の予想と理由を確認する。 ★重さを変えても、振り子が1往復する時間はあまり変わらなかった。 ★振れ幅を大きくしたら距離が長くなるから、1往復にかかる時間は長くなりそうだ。 ★振り子の長さを長くすると、ゆっくり動きそうだから、1往復にかかる時間は長くなりそうだ。 本日行う実験方法を確認する。 ★振れ幅を変える実験からはじめよう。⇒❸振れ幅 ★振り子の長さを変える実験からはじめよう。 　⇒❹振り子の長さ	●自分の予想と理由を確認させる。 　基本となる振り子のデータ（長さ…55cm、重さ310ｇ、振れ幅15°）から1つの条件だけを変えてデータを取り、各グループ2つの実験を行うことを確認する。 ●グループで役割（プログラム転送係、おもりを放す係など）を交代して行うことを確認する。 ●調べる条件以外は、同じ条件にして、複数回実験を行うことを確認する。
33分	○決まった順番で実験を行う。 ★❸：振れ幅を30°に変える。 ★❹：振り子の長さを240cmに変える。 結果を表にまとめた後、グラフにシールを貼って黒板に掲示する。 ★グラフにシールを貼ったら、結果が見やすいね。 ○結果から考察し、グループで交流する。 ★このデータで、どこを比べてもひもの長さを長くしたときだけ1往復する時間が長くなっている。	実験結果が出たグループから、結果をグラフにまとめて黒板に掲示し、考察をまとめておくように指示する。 ●各グループの結果を把握し、他と違う結果が出たグループの様子を確認しておく。 ●条件を変えることによって、結果が大きく変わっているか、変わっていないかという視点で見るように助言する。 ●自分たちのデータと比べて、同じところと、おかしなところがないのかにも注目させる。
7分	考察を発表し、グループで交流する。 ★振り子が1往復する時間は、振り子の長さを変えたときだけ変わったな。 ★おもりの重さを重くしても、1往復する時間はあまり変わらないな。 ★振れ幅を大きくしても小さくしても1往復する時間はほとんど同じなんだね。 ★あのグループのデータは結果が違いすぎるな。おかしいな。	

振り子が1往復する時間は、振り子の長さで変わり、おもりの重さや振れ幅によっては変わらない。

第4章 プログラミング教育の授業実践例
大阪府・大阪市立苗代小学校

授業準備の進め方

レゴ マインドストーム EV3 の セッティング	児童が実験に使う一式を、1グループごとにセッティングする。
指導案の作成	
授業で使う画用紙やボードの準備	

児童の様子

評価の視点
◇予想と理由を確認することができる。
◇実験結果を確認し、グラフに表すことができる。 ◇グループ内で意見を交換することができる。
◇振り子の運動の変化とその要因を関係付けて考察し、自分の考えを表現している。

❶ 振り子の設定基準について、黒板に示す。

❷ プログラミングで動きを設定する。

❸ 振り子の動きを設定し、確認、検証する。

❹ 振り子の動きをグループで記入。

❺ グループで導き出した振り子の結果を、教師が比較して発表する。

グループ編成を工夫し、教科の中でのプログラミング教育をより効果的にする

プログラミングのイメージは?

パソコンが苦手で、実は自分でセットアップもできません。プログラミングに興味を持ち、話を聞いてみると意外に簡単だということがわかったので、実際にプログラミング教育の様子を見に行くことにしました。プログラミング塾の活動などを見て、そんなに難しくないし、子どもがすごく夢中になって学習することができていたので導入を決意しました。

この授業をしようと思った背景を教えてください。

日々の子どもたちの様子を見ていると、課題を解くことはできても、自分の考えを相手に伝えることが難しいようでした。学習の中で、自分の思いだけを貫き通してしまったり、相手の思いを受け入れてよりよい活動にしたりすることができていない。そうした課題を解決できるものはないかと思索していました。

その中で、知識を頭に入れるだけではなく、実際に活用していく場面を設定していくことが重要ではないかという考えに至りました。そして、得た知識をすぐに活用できる教材はないかと考え、さらに、論理的な思考力もつけさせる教材を探したところ、**レゴ マインドストーム**に行き当たりました。

授業の中での工夫を教えてください。

学習は3人一組のグループワークで行いました。2人だと苦手な子同士がペアになってしまうと、活動が滞ってしまうからです。また、4人だと、1人だけ参加しなかったり、2人ずつで話してしまったりしてグループが分断してしまう問題が出てきます。そこで、3人組がちょうどよいのではないかと考えています。

グループ編成においては、学力差だけではなく、コミュニケーションを取るのが好きか嫌いかなどの子どもの特性も見極めています。

私はあくまで、プログラミングはアクティブ・ラーニングのツールとして使いたいと考えています。なぜならば、1人で行うプログラミングであれば自宅でもできるからです。

さらに、活動の中では、1人ひとりに達成感を抱かせることを重視しています。グループの中で認め合ったり、グループで発表をしてクラスメイトから拍手されたりすることで、授業内で達成感を持たせることができると考えています。

教材を選んだポイントを教えてください。

レゴ マインドストームを選んだのは、子どもたちに実物でしっかりと説明できるからです。画面上だけのプログラミングの場合は、できる子は理解を深められるのですが、イメージできない子は置いていかれてしまう可能性があります。また、画面だけですと、個人のワークが中心になるので子ども同士の会話が生まれにくい。教員側も、画面だけで子どもが取り組むよりも、実物が見えたほうが指導をしやすいですしね。実物があることで、子どもたちも授業を受けやすいし、教員側も授業がしやすくなるのではないかと思います。

第4章 プログラミング教育の授業実践例
大阪府・大阪市立苗代小学校

プログラミング教育導入のねらいを教えてください。

導入の動機は、4つあります。1つ目はコミュニケーション力の向上、2つ目は協働的・主体的な学習の実現、3つ目は活用する能力の向上、そして、4つ目は論理的思考力の育成です。

実際に物が動くのを見ながら子どもたちは話をするので、学習が苦手な子も感じたまま自由にコミュニケーションが取れます。実際に社会に出たら、いろいろな職場環境に置かれ、必要なときに適宜、自由に発言することが求められるかと思います。そんな社会に求められる力の育成につながるのではないかと考えています。

また、3人グループであれば、皆それぞれ役割分担をしながら協働的に進めていくことができます。

授業で印象に残っていることを教えてください。

子どもたちが夢中になって進めていく姿が印象に残っています。うまくいかなければ、それぞれ試行錯誤しながら実験を進行していました。

公開授業で実践をしたので、見学していた先生方や保護者の方からも感想をいただきました。「子どもたち自身で課題を解こうとしており、これまでの授業の風景とはまったく違う」「プログラミングに苦手意識があったが、子どもたちが主体となるため、自分でも授業ができそうだ」「子どもたちの話し合いの内容が濃く、驚いた」などの声が寄せられました。

今後の展望

これから挑戦したいことを教えてください。

学校として全学年全学習にプログラミングを下ろしていける方法を考えていきたいと思っています。実際に今年に入り、高学年だけでなく、2年生にも広がっています。

教科では、算数でもプログラミング教育を取り入れられると思っています。数え方や面積の学習の部分で導入できるのではないかと検討しています。

今後の課題

授業を振り返り、課題に感じたことを教えてください。

振り子の長さについて条件を変えすぎてしまったかもしれないと反省しています。結果的に、授業で使用するにしては大袈裟になってしまったかもしれません。

また、プログラミングを進めていくと、どうしても複雑なものに挑戦したくなります。しかし、子どもが使うにはシンプルなものがよいですよね。他の先生への研修などで使う際にも、簡単なもののほうがまねしやすい。自分の関心と、児童・他の先生方の使いやすさをマッチさせていくことが重要だと感じています。

事例5 特別授業・外国語活動（英語）

英語×プログラミングの授業で効率的・効果的に児童の理解を促す

神奈川県横浜市にある学校法人神奈川学園 精華小学校では、ボトムアップの改革が実現し、各教師の創意工夫で、プログラミング教育に取り組んでいる。
綿引一夫先生は、「総合的な学習の時間」と「英語の集中講座」でスポット的にプログラミング教育を導入した。今回は、小学6年生を対象にした「英語の集中講座」の授業について話を伺った。

小学校で始まる英語とプログラミングを、合わせて授業にしてしまうのが効果的！

学校法人神奈川学園　精華小学校
授業担当：**綿引一夫**先生（2学年担任・左）
ICT推進者：**向井崇博**先生（5学年担任・右）

- 学校種：私立
- 規模：1学年男女あわせて80名、2クラス、全校児童は480名
- 住所：神奈川県横浜市神奈川区沢渡18
- URL：http://www.seika-net.ed.jp
- 特徴：学年2人担任制。10年以上前から6年生に対して英語集中講座を開催。1年生から週1時間英語の授業を行う。「総合的な学習の時間」と「英語の集中講座」にプログラミング教育を入れる。

利根川のココがポイント！

1 ボトムアップでのトライアル

精華小学校では、若手教員が牽引役となって Hour of Code を中心にプログラミング教育が教科横断で広まっています。ICT推進者の向井先生が最初に校内に持ち込んだ Hour of Code を英語でも使えそうだと綿引先生が横展開。プログラミング教育は1人で抱え込まずに管理職や同僚をうまく巻き込めると成功率が上がります。

2 保護者の教育熱を上手に活用

本事例のように、都市部を中心に保護者のプログラミング教育熱の高まりを校内のプログラミング教育普及推進の説得材料にしていくのは有効です。プログラミング教育活動を実施した際はぜひ保護者へもその旨情報が入るようにしましょう。

3 応用例の可能性

小学校段階の英語もプログラミングも入門的なコミュニケーションという観点では共通しています。本事例では Hour of Code Frozen コースを使用していますが、他の教材やアンプラグド型学習への応用例が出てくることを楽しみにしています。

第4章 プログラミング教育の授業実践例
神奈川県・精華小学校

プログラミング授業を行う上での設備環境

- **パソコン・タブレット**：パソコンがパソコン教室に1クラス分（約40台）配備。教師のパソコンで一括管理が可能。ヘッドフォンも1人1セットずつ用意されている。
- **通信環境**：校舎内無線LAN配備。
- **その他**：教職員にPC、iPadを配布。職員全員がG Suite［※］を校務で使用。

※ Google が提供するクラウド型グループウェア（Gmail、Google ドライブ／カレンダー／ドキュメントなどの Web アプリ群）。

児童観

落ち着いており、指導は浸透しやすい。「プログラミングがどういうものか」について伝える授業は、他学年では実施したものの、当該学年では行っていない。調べ学習などで、パソコンはよく使用しているため、パソコン操作については問題がない状態。保護者から、プログラミング教育についての質問がくることもあり、プログラミングへの意識の高まりを感じている。

準備物

[資料1] 授業で使うスライド　※一部抜粋
○プログラミングの重要性を伝えるスライド

[資料2] 英単語とプログラミングの動きをリンクさせるためのプリント

WHY COMPUTER SCIENCE?
- Every student should have the opportunity to learn computer science.
- It helps nurture problem-solving skills, logic and creativity.
- By starting early, students will have a foundation for success in any 21st-century career path.

1. Puzzle 1 of 20 / Puzzle 2 of 20 / Puzzle 3 of 20...
2. Hi! I'm Elsa of Arendelle.　Help me create a single line.
3. move forward by 100 pixels.
4. move backward by 100 pixels.
5. turn right by 90 degrees.
6. turn left by 90 degrees.
7. Run

https://hourofcode.com/frzn

事例5 特別授業・外国語活動（英語）

英語で Hour of Code をやってみよう

使用教材	Hour of Code の Frozen（アナと雪の女王）コース
本時の狙い	プログラミングは英語で行うもの。そのため、英語の授業の中でプログラミング教育を実施することにより学習の効率化・最適化をねらった。プログラミングの中で、動詞の動きを可視化しながら英単語を覚えていくことができる。

本時の展開

時間	ねらい	学習活動	留意点・方法
導入 1分	○英語の時間へのスイッチの切り替え。	○4人の教師の自己紹介。	○「質問は、英語オンリー」など、ルールを説明。
展開❶ 20分	○プログラミング教育の必要性を理解させる。	○PowerPointのスライドを使って、プログラミングについて紹介する。 ○Hour of Codeに入っている、世界の著名人のメッセージ動画を流す。	○動画の音声は英語にし、日本語字幕を入れる。 ○適宜日本語での説明を入れて児童への理解を補う。 ○「スティーブ・ジョブズは知っている？」など、適宜動画の内容について問い掛けを入れて、注意を促す。
展開❷ 20分	○プログラミングを理解する。 ○プログラミングをしながら、英単語を覚える。	○Hour of Code の Frozen に取り組ませる。 ○実際に操作をしながら、Run や jump、square、circle、forward、backward などの単語と動きをリンクさせて確認していく。	○事前にHour of Code画面左下の「日本語」を「English」に切り替えておく。 ○音が出ないように、児童にヘッドフォン着用を促す。 ○4人の教師が教室に散らばり、英語で児童と問答する。
まとめ 4分		○次回への学びへの期待を促す。	○PowerPointの最後のスライド［資料2］（p.73）を見せて、振り返りを行う。

授業準備の進め方

教師自身が Hour of Code の Frozen を試す	児童から質問やフォローに備えて、授業を行う前にすべてクリアした。所要時間は、2時間程度。
資料作成 （p.73 に掲載）	PowerPointの投影資料［資料1］を作成。加えて、児童に英単語とプログラミングの動きをリンクさせるために使うプリント［資料2］を用意。一緒に授業に入る3名の英語を担当する教員（うち2名はネイティブスピーカー）たちに授業内容を説明。 英語集中講座は、40名のクラスを2つに分け、20名の2グループで実施。それぞれのグループに日本人教師1名、ネイティブの教師1名が入る。綿引先生を含め4人の教師が本講座に関わった。講座前には、綿引先生から他の3人の教師へ「児童からの質問には英語で返してほしい」など、簡単な打ち合わせをした。

児童の様子

1 画面でPowerPointのスライドを見ながら、授業の内容を理解する。

2 これから取り組むプログラミング教育課題の解説を見て、理解する。

3 プログラミングにトライ。教師が適宜フォローをしていく。

4 ヘッドフォンをしながら、プログラミングに集中する。

英語をツールとして効果的に学ぶプログラミング教育を実現

教師の振り返り

プログラミングのイメージは？

私自身がプログラムを組んだことはありませんが、HTMLを学生時代に少しだけ学んでいたので、プログラミングが社会の様々なところで役立っていることや今後さらに重要になるというイメージは持っていました。子どもたちに学ばせる必要があると思い、まず私自身が学び始めました。

この授業のねらいを教えてください。

本校では、10年以上前から6年生の中学受験が終わったタイミングで「英語の集中講座」を実施しています。既存の授業の中に、プログラミングを入れていくには、かなり練らなければいけません。そこで、私は新しく始まる英語の授業にプログラミングというツールを使うことができれば効率的なのではないかと考えました。

また、プログラミングは、もともと英語で行うものですよね。そこで、英語とプログラミングが一緒に学べれば効果的だとも考えました。

もう少し深く、英語とプログラミングを一緒に学ぶ意義を教えてください。

もし、将来GoogleやFacebookのようなところで働いてプログラミングをするという立場になったときには、コード（英語）を書かなくてはいけないですよね。プログラミング教育を日本語から英語へというステップで進めるよりは、最初から英語で学んだほうが効率的ではないでしょうか。そうすれば、直感的・感覚的に、英語とプログラミングを連動して習得できると思いました。

さらにいうと、一般的に年齢が上がるにつれて日本語のレベルが上がり、日本語で話したいことと、英語で話せることの差は広がっていきます。だから、大人は英語で話すことに不便さを感じるのだと言われます。そういう意味では、子どものほうが「英語を使って何かをする」という活動はしやすいのではないかと思っています。本校では、これまでも英語で理科実験や、英語で貿易ゲームという英語をツールとして使う発想をしてきたので、英語でプログラミングをすることも、その延長線上で考えられました。

実際に授業をしてみてどうでしたか？

Frozenをゲームとして楽しめるだろうとは思っていたのですが、それを英語で行うことに抵抗感を持つ子どもがいるかもしれないと懸念していました。しかし、英語に苦手意識を持っている子でも、夢中になって進めることができていました。これは、大きな発見だといえます。

授業で特に伝えたかったことを教えてください。

伝えたかったことは、プログラミングの難しい概念ではなく、使っているものの裏側には人が手作りした仕組みがあるものなのだということです。今、担任をしている2年生では、生活科で「郵便」の仕組みについて学んでいます。その学習をするまでは、多くの子どもたちは「手紙は自然に届くもの」という程度の認識で、手紙が届く仕組みを深く考えてはいませんでした。しかし、実際は自分の手元に手紙が届くまでには、人や機械が仕分け作業をしていたり、配送していたりする。そういう仕組みを知ることが、小学校の学びには必要だと思っています。ですから、パソコンやテレビ

がプログラミングという仕組みで動いているということに気づかせることを重視しました。

また、**Frozen**をしながら、バグについて学んだり、トライアンドエラーをしたりしていくことで、プログラミングそのものの仕組みの理解に近づいていけるのではないかと考えています。あくまで、プログラミングの入口を見せられるようにすることが小学校の教育の役割だと考えています。

授業で今後気をつけたいことを教えてください。

授業では、個々の児童の取り組みが中心になるので、教師の役割は教授することではなく、子どもを見取ることでした。つまずいている子がいれば、進んでいる子とつないだり、教師が適切なフォローをしたりする。教師にはそうした細かな配慮が必要です。

また、どの学校でもプログラミングは初めての試みで、どの教材が合うかはまだ見えていないと思います。私たちの学校でも、同じ教材を使ってプログラミングの活動をした際に、下の学年では問題なくできたのに、上の学年では少し時間がかかったということがあります。発達段階だけでなく、子どもたちがどれだけパソコンに触れる機会があったかや、ゲームの経験があるかなどによっても差が出てきます。

教師は、多様な教材を試しながら、自校の児童に合ったものを選んでいく必要があります。

今後の展望

これから挑戦したいことを教えてください。

今後も、プログラミングを「総合的な学習の時間」や英語と絡ませる取り組みを学年横断で広げていく予定です。具体的には、3年生以降は授業としてできるのではないかと考えています。1年生は機器の使い方などからスタートする必要があるので、親子体験教室などで少しずつ慣れさせていけたらよいのではないかと思っています。

今後の課題

課題を教えてください。

【パソコンをどう管理するか】

以前、インターネットエクスプローラーが更新されておらず、これまで問題なく動いていた**Hour of Code**が動作しなくなるということがありました。また、前回まで起動していたパソコンが授業当日になって急に調子が悪くなるということもありました。学校にはパソコン管理の専任者がいるわけではないのでこうした問題が起こりがちです。メンテナンスについては、今後本校だけでなく多くの学校で問題になることだと思います。

【タイピングについての学びをどこまで深めるか】

パソコンのタイピングを、どの段階で、どこまでできるようにさせるかは、今後の課題になっていきそうです。**Hour of Code**の**Frozen**では、ブロックでコーディングをするのでタイピングは不要でした。しかし、今後英語を学ぶにあたっても、実際に社会に出てプログラミングをする場面を思い浮かべても、タイピングは早い段階でできるようになったほうがよいと考えています。

事例6　総合的な学習の時間

地震の知識を見える化する発展的授業で子どもの理解が深まる

筑波大学附属小学校の鷲見辰美先生は、小学校6年生の理科で学ぶ「地震」について、より経験に紐付け理解させたいと考え、「総合的な学習の時間」で発展的な活動を行った。プログラミングを利用し、地震の揺れを再現させる授業に児童は夢中になっていたという。その授業実践について伺った。

プログラミングを行えば、子どもは夢中になって自力で学んでいくことができる！

東京都・筑波大学附属小学校
鷲見辰美 先生
（6学年担任）

- 学校種：国立
- 規模：1学年約130名
- 住所：東京都文京区大塚3-29-1
- URL：http://www.elementary-s.tsukuba.ac.jp
- 特徴：「総合的な学習の時間」を使い、教科の内容をより高次化しプログラミング教育を掛け合わせる手法で児童の理解を深めている。

利根川のココがポイント！

1 学習指導要領上のポイントとの整合性

プログラミングのスキルを単に学ぶだけでなく、探究的に学ぶという学習指導要領の「総合的な学習の時間」で指摘されている点を踏まえた授業の設計になっています。

2 プログラミングでシミュレーションする意味の明確化

理科の内容をプログラミングで応用する際に、本事例のようにシミュレーションにする実践は有効です。しかし、「なぜ直接の観察や実験ではなくシミュレーションが必要なのか」が明確化できていない事例もあります。

本事例においては「地震」という実験や観察がしにくい単元を選んでいる点が、他の単元でのプログラミング活用を考える際にも参考になるポイントです。

第4章 プログラミング教育の授業実践例
東京都・筑波大学附属小学校

プログラミング授業を行う上での設備環境

- **パソコン・タブレット**：ICT教室に1クラス分（40台）は、パソコンを完備。
- **通信環境**：ICT教室には、Wi-Fiが整備されている。
- **その他**：教材は、今回使用した**レゴ**以外にも、**mBot**などを活用しプログラミング教育を行っている。

児童観

学び合いの活動は、自然とできる子どもが多い。パソコン操作には慣れているので、プログラミングがどういうものかも大体理解している様子。6年生に入りすでに6、7時間ほど、**レゴ**や**mBot**を使用する授業を体験している。理科で、地震の理論的な仕組みは学んだ上で、プログラミング教育を導入した。

本時に入るまでの児童の学び

1 小学校6年生の理科の単元「大地の変化」で、地震や火山について学ぶ。
地震による土地の変化として断層が起きることなどを学ぶのが学習目的。

2 土地が動けば、当然建物も崩れたり災害が起きたりするという事実を学ぶ。

3 災害をイメージさせた上で、自分たちはどのような備えや理解ができるのかを1人ひとりレポートにまとめる。

4 本時 実際に、地震の揺れが起きると、家にどのような影響を与えるのかをプログラミングを行って検証する。

事例6　総合的な学習の時間

地震で引き起こされる揺れを、視覚的に理解する

使用教材	レゴ WeDo 2.0
本時の狙い	理論的に学んだ地震について、実際の揺れを視覚的に体験させて理解させる。また、**レゴ WeDo 2.0** のプログラミングをペアワークで工夫しながら実施することにより、共同的な学びを実現する。失敗したら修正をかけるというトライアンドエラーを学んだり、仮説を立ててシミュレーションしたりするというプログラミング的思考を習得する。

本時の展開　2時間連続（45分×2コマ）授業

時間	ねらい	学習活動	留意点・方法
導入 10分	○これまでの地震についての学びと、本時を関連づけさせる。 ○**レゴ**の基本操作を学ぶ。	○画面の説明に沿って、児童が基本設定を行う。	○ペアを組ませる。
展開❶ 35分	○モーターの速度を速めると、パーツが激しく揺れて**レゴ**による建物が倒れやすいことを学ぶ。	○命令通り（出力の大小、繰り返しの操作）に装置が動くことを学ぶ。 ○プログラムの数値を変えるとどんな変化が起こるか体験する。	
展開❷ 40分	○揺れが建物にどのような影響を与えているかを観察する。 ○崩れやすい家・崩れにくい家の特徴を学ぶ。 ○仮説思考、トライアンドエラーを学んでいく。	○「崩れない家はどんな家なのか？」というペア同士の競争が始まる（高く積んだら壊れやすい、横に積んでいくと安定する、などの学びへ促す）。	○児童同士の競い合いや、面白い仮説を立てているペアを見つけて、クラスに「ここで面白いことしているよ」などと声掛けし、活動を広げる。
まとめ 5分	○片付け。	○次回への学びへの期待を促す。	※振り返りは、毎日つけている日記で行う。

第4章 プログラミング教育の授業実践例
東京都・筑波大学附属小学校

授業準備の進め方

地震についての理解を深める

地震の授業で、最初から**レゴ WeDo 2.0**でのプログラミングを取り入れるのではなく、きちんと地震の知識を得て、レポートで考えをまとめてから、視覚的な体験をさせる設定とした。そうすることで、子どもたちの理解はより深まる。**レゴ WeDo 2.0**を使い、ただ揺らすだけという活動にならないように、地震についての学びを十分に深めておくことが重要である。

レゴ WeDo 2.0 の準備

ペアで1台ずつ**レゴ**教材が行きわたるようにセッティングする。

児童の様子

① プログラミングをしながら、ブロックを積み上げていく。

③ 実際に揺らして、倒れるか倒れないかを試す。

② 子ども同士で競い合いながら、ブロックを積み上げていく。どのように積めば倒れないかを試行錯誤する。

④ 高く積み上げて、揺らし、どこまで耐えられるかを検証する。

81

視覚的な理解ができるプログラミング教育では子どもたちが授業をリードする

教師の振り返り

プログラミングのイメージは？

私は、教員になる前、プログラマーとして働いていました。今ではほとんどプログラミングを行う機会はありませんが、仕事としていたので、その重要性も特性も理解しているつもりです。これからの社会で生きていくには、必要な素養にもかかわらず、なぜ小学校にはプログラミングの授業がないのかと感じていました。目の前の子どもたちが仕事に就く時代には、絶対何らかの形でプログラミングと関わります。たしかに、導入に際しては難しい部分もありますが、小学校でも学んだほうがよいと感じていました。

この授業の背景を教えてください。

理科の実験をする際、実験計画書作成の段階で揺れが建物に与える影響についてプロットを立てさせてみました。この段階では仮説を立てることになりますから、プログラミングでいう、「if」（このときに、この条件であれば～になる）という思考をさせてみたのです。

最初は難しいかと思ったのですが、案外に子どもはすんなりと仮説思考をもとに書くことができました。こういう思考ができるのであれば、さほど特別な準備をしなくともプログラミングを使った学習ができると思いました。

プログラミングは、ロジックの流れをコンピュータ言語にするだけです。実際にプログラミングする際にも、ロジックでプロットを書いて、組み始めます。ですから、プロットさえ組めれば、ある程度のことはできるに違いないと感じたのです。

授業の中での工夫を教えてください。

ペアワークで進めさせることです。プログラミングが好きな子は画面にかじりつきますし、得意でない子もその姿を見て「自分にもできるかも」と引っ張られるようになります。最初は、できる子のまねから入ればよいのです。大人でもそうですが、苦手意識を持っている場合は、先入観から「できないに違いない」と思っています。しかし、自分に近しい子が楽しそうに取り組んでいれば、「できるかも」と感じ始め、着手して「なんだ、簡単だ」ということになるわけです。

ペアやグループ活動全般にいえることですが、私が意図的に組ませることはありません。ランダムにすることで、個々の児童の可能性を引き出すと考えているからです。例えば、こうした活動が苦手な子同士が組んだとしても、どちらかは必ず「自分がやらなければいけない」と責任感が芽生え、主体的になります。

そのため、グループ活動のときもいつも通りの生活班で行ったり、ペアワークも座席の隣同士で組ませたりします。その代わり、固定化するのを避けるために月に1回は席替えをします。これにより、授業の中でクラスメイトからの新たな刺激を受けることができるのです。

アクティブ・ラーニング×プログラミングは、非常に有効です。子どもたち同士で、仮説を立てて対話をし、実物を使って検証ができるからです。視覚的に理解ができる教材を選ぶことで、そうした活動が促進されると考えています。

児童の様子で印象に残っていることを教えてください。

子どもたちが自ら活動を発展させていったことです。授業中、ペア対抗で、どちらが作った家のほうが揺れに持ちこたえられるかという勝負を始め

ていました。負けたほうは悔しがり、再度工夫を凝らします。そういった自然発生的な学びが子どもたちの理解を深めていくと思います。

他にも、あえてどこまで高く積むと崩れてしまうのかという限界に挑戦する子どももいました。大人であれば、「崩れないように作ろう」という発想しか出ないだろうところを、子どもたちは自ら学びを発展させていくことができるのだと印象に残りました。

特に、高学年になると、大人が「これをやってみよう」とレールを敷くことを嫌がります。そのため、特に自ら学べる活動が重要になってくると感じています。

実際に授業をしてみてどうでしたか？

教師が細かく教えなくても、子どもたちは活動の中で、プログラミング的な思考を習得していっているように見えました。プログラミングの「ループ」という概念は、子どもたちは理解していなくても、試行錯誤しながら「『繰り返し』のブロックはこれだな」と考えを巡らせてたどり着くことができていました。また、どこかで止まってしまえば、「どこがおかしいのだろう？」と、見直します。これは、プログラムを組んでいるときと、同じ手順です。組んで、動かしてみて、動かなければどこがおかしいか見直す。活動の中で、そのフローを体験できていたと思います。

現在のプログラミング教材は子どもたちだけでできるよさがあるので、教師が教え込む必要はありません。子どもたちに委ねるけれど、必要なときは適切にフォローをする……その舵取りが教師の役割だと思っています。

つまり、教師にプログラミングの知識がなくても、子どもの活動は変わりません。ただ、教師自身が実践しながら、「この活動がプログラミング的

思考の育成につながっているのか」と不安になることはあるかもしれません。その不安を取り除くために、知識を得ると思っていればよいのではないでしょうか。

これから挑戦したいことを教えてください。
【今後、行ってみたい授業】

以前、天気についての単元で、天気予報のプログラミングを子どもたちがツールだけ考え、私がプログラムを組んだことがありました。しかし、最近になって子どもが十分にプロットを組めるということがわかったので、今後は子どもたちが考えたプロットを動きにするという活動を多く取り入れていきたいと考えています。

授業を振り返り、課題に感じたことを教えてください。

子どもたちが夢中になっていたので、授業内にまとめのレポートを書く時間を設けませんでした。結果的に、1日を振り返る日記の中で書かせましたが、可能であれば授業内で振り返りの時間を取りたかったと感じています。子どもが学びに夢中になっているのを止めるのは気が引けますが、活動の「やりっぱなし」にならないよう、まとめの時間を設定することも必要かもしれません。

事例7 プログラミング特別講座

"プログラミングとは何か"を児童に体験させるオフラインの授業

石川県・加賀市立作見小学校では、加賀市のバックアップのもと、教師が創意工夫を凝らしながらプログラミングの授業を積み重ねている。
今回は、1日かけて行われた特別講座の2時間目の授業を取り上げる。たとえ、パソコン設備が整っていなくても、「プログラミングとは何か」を学ぶことはできるという実践例を伝えていく。

プログラミング教育の準備体操として、「総合的な学習の時間」でもできる内容だと思っています！

石川県・加賀市立作見小学校
山井聡 先生
級外（TTで実施）[取材当時]

- 学校種：公立
- 規模：1学年2クラス、児童数約370名
- 住所：石川県加賀市作見町ナ154番地
- URL：http://www.kaga.ed.jp/~sakumi-e/
- 特徴：加賀市が、総務省「若年層に対するプログラミング教育の普及推進」事業に選出され市を挙げて実施。

利根川のココがポイント！

1 5時間の体系立ったプログラミング教育

1時間目で自分たちのくらしとコンピュータ・プログラミングの関連を意識した後、2時間目（本時）はアンプラグド型の教材を活用し、プログラミング的思考を体験しながら学習しています。その後の3、4時間目のコンピュータを使っての学習、5時間目の総括へと繋げる一連の流れに注目してみましょう。

2 授業の準備・実践をTTで

1人での試行錯誤になりがちなプログラミングの初めての授業をTT（チームティーチング）で実施したことで、先生・児童の安心感だけでなく、レビューし合いながら準備や振り返りなどを行うことができるので、教育効果を高められます。

3 アンプラグドで体験的な学びを実現

3、4時間目のコンピュータでのプログラミング教育活動と対応する内容を、手や体を動かしながらコンピュータを使わずに行うアンプラグド型教材にて学習できています。

第4章 プログラミング教育の授業実践例
石川県・加賀市立作見小学校

プログラミング授業を行う上での設備環境

- **パソコン・タブレット**：パソコン教室にパソコン20台を配備。（1クラス30名程なので、1クラス分には足りない状況）。
- **通信環境**：有線LANを完備。

児童観

3校の児童が任意に参加した特別講座であったため、担当教師と関係性ができていない子どもも複数いた。プログラミングについて聞いたことはある、なんとなくイメージできるというレベルの子どもが2、3名。任意参加のため、基本的には学習に積極的な児童が多かった。

単元のねらい

プログラミングとは何かを学び、アンプラグドでプログラミング的思考を得る。

単元の流れ （特別授業1日の展開）

1時間目
- 目標：コンピュータが私たちの生活で役立っていることを理解する。
- 学習活動：世の中でコンピュータが役立っている例を議論し、共有する。プログラミングの概念を学ぶ。

2時間目（本時）
- 目標：コンピュータの考え方を理解する。
- 学習活動：**ルビィのぼうけん**に沿ったワークで学習活動を実施。

3・4時間目
- 目標：コンピュータの利用者ではなく、作成者になれるという実感を持つ。
- 学習活動：**Hour of Code**に取り組む。

5時間目
- 目標：活動のまとめ。プログラミングをさらに深めたいという意欲につなげる。
- 学習活動：身近にあるまだプログラミングがなされていないものに、プログラミングを施すとどうなるかを教師がファシリテートしながら議論させる。その後、児童の感想を共有。教員からの認めを行う。

事例7　プログラミング特別講座

コンピュータと私たち

※3校の小学校から希望者を集い、1日かけてプログラミングの特別授業を実施

使用教材	ルビィのぼうけん　れんしゅう12：ループ［ダンス、ダンス、ダンス！］ れんしゅう16：作り出す力とプログラマーらしい考え方［おしゃれのルール］ れんしゅう20：デバッグ（バグつぶし）［バグ探し］
本時の狙い	「繰り返し」と「もし〜なら……、そうでない場合には……」「順番に」の思考を、ダンス・着せ替え・バグ探しを通して理解し、また「どのように組み合わせたらよいか」「どのように改善したらよいか」という考える力を高める。

本時の展開

時間	ねらい	学習活動
導入 5分	理解の確認	●「先ほどは、みんなのくらしでコンピュータがどう役立っているかがわかったね」と1時間目とのつながりを意識させる。 ●「この時間は、みんなコンピュータやプログラマーになってみよう」と投げかける。
展開① 10分	『ダンス、ダンス、ダンス！』による「繰り返し」の動きの理解	●「コンピュータは繰り返しが好きです」と、道路信号の例を示す。信号機と同じように「命令」が書かれたカードを紹介する。 ● TTで、1人の教員がロボットに扮し、もう一方の教員がカードで指示を出す。 ●児童に、「カードを組み合わせたい人はいますか？」と投げかけ、新たな命令を生み出す。 ●「たくさん踊って疲れた人？」と教員が投げかける。手を挙げる児童たちに対して、「コンピュータは、電池がなくなったり電気が通らなくなったりしない限り、ずっと命令通りに動き続ける。人間と違うね！」と理解を促す。
展開② 15分	『おしゃれのルール』による「条件分岐」の理解	●「コンピュータは、『もし〜なら…する』というのが得意」と紹介する。 ●「この子はルビィです。ルビィは『もし雨が降っていたら長靴を履き、レインコートを着ます』」。ここでいったん、児童に「どうしてか」意見を聞く。 ●「そうでなければ、雨に濡れないので、お気に入りのワンピースを着ます」など、児童の答えを引き出す。 ●「もし料理をするならば」「もし冒険をするならば」を考えて、「最後に自由に考えてみましょう」と伝える。 ●最後に、児童が自由に考えた服装を発表させる。
展開③ 10分	『こまったこと（バグ探し）』による「順次処理」の理解	●先ほどまでは、コンピュータの役割だったが、これからはプログラマーの立場になってみようと転換させる。 ●「『バグ』って聞いたことある？」と質問。 ● 1人の教員が間違った指示（バグ）を出し、もう1人の教員がロボットに扮して、動きが失敗する姿を演じる。 ●どこにプログラミングの間違いがあったのか、児童に投げかけて、再度その通りにロボット役の教師は動く。 ●「配布したプリントにも『バグ』がある命令が載っています」と、児童に間違いを探させる。
まとめ 5分	「繰り返し」「条件分岐」「バグ」の振り返り	●「ダンスでは繰り返しを勉強したね。ルビィのドレス選びでは『もし〜なら…する』を勉強したね。最後は、『バグ』について学びました」と順番に振り返る。 ●「この3つは、パソコンやタブレットを使った時にも使う大事なことだから覚えておいてね」と定着をねらう。

授業準備の進め方

指導案の作成	「みんなのコード」の作成した資料を基に、指導案を作成。
「命令」を理解させるための、黒板掲示用ボタンを作成	自分自身がプログラマーであったり、コンピュータであったりすることをイメージできるように「命令ボタン」を準備。
授業で提示するカードの作成	**ルビィのぼうけん**で、『おしゃれのルール』による「条件分岐」を理解させるためにルビィの洋服やアイテムを切り出して、一式を封筒に入れておく。

特別授業 1 日の児童の様子

留意点・方法	
	コンピュータとくらしがどうつながっているか、子どもたちの意見を板書しながらまとめていく。
「命令カード」を黒板に貼る。 「命令カード」は以下の5種類。 ・手を叩く（パン、パン） ・ジャンプ ・まわる ・足踏み（ドン、ドン） ・キック 実際に児童全員が命令通りに動いてみる。	**ルビィのぼうけん**の『ダンス、ダンス、ダンス！』を使い、教師と生徒がロボットへの命令を組み合わせる。
ルビィのぼうけんでシーンごとに洋服を選んでみようという課題のプリントと、ルビィが身にまとう洋服やアイテムがバラバラに入った封筒を、児童に1セットずつ配る。 活動中は、教員が机間巡視して、サポートする。	子どもたちが、「バグ探し」を実践。 ←『おしゃれのルール』による「条件分岐」の学びとして、児童がルビィに服装を選ぶ。
プリント配布	**Hour of Code** でビジュアルプログラミングに挑戦。
	まとめとしてプログラミングの活用について児童全員で考える。

子どもたちの変化に後押しされ、次なるステップの「教科×プログラミング」に挑みたい

教師の振り返り

プログラミングのイメージは？

もともとIT機器の扱いなどは苦手な分野でした。「プログラミング」といわれても、イメージができず、難しいコードを書くのだろうかと思っていました。

加賀市主催の研修会で、「みんなのコード」の利根川さんが児童にプログラミングの授業を行う様子を見て、イメージをつかむことができました。新しい活動ですから、自分たちも子どもの側になって、一度体験することが重要なのかもしれませんね。

実際に授業をしてみた感想を教えてください。

授業をしてみたら、すごく楽しかったです。子どもと一緒に楽しみながら進められるのが、プログラミングの授業なのだと感じています。

授業の中での工夫を教えてください。

子どもたちにプログラミングの意味を、言葉だけでは伝えられないと感じたので、動きを見せる時間を取り入れました。TTで実施できたので、1人の教員がプログラマー、もう1人がコンピュータやロボットと役割分担ができました。そのため、子どもたちは、プログラマーとコンピュータとの関係を具体的にイメージできたのではないでしょうか。

また、本時に行う活動を冒頭に明確化したことも有効でした。「この授業では、『ダンス』と『バグ』をやるよ」と黒板に示し、「なんだろう？」と児童の関心を喚起して、授業に入っていくという導入は奏功したポイントでしょう。

授業の中で特に伝えたかったことを教えてください。

プログラミング的思考は、自分の生活とつながっているということに気づいてほしいと考えました。子どもたちも日常生活で、「こうしたら、こうなる」という考え方や「バグを探す」といったことをしていると思うんです。普段は何気なく行っていることを、確認や意識化することでさらに論理的に課題を解決していこうとすることが、プログラミング的思考を育成する意義なのかなと思っています。

まったく新しい概念をポンと与えるのではなく、子どもたちが知っていることとどう結びつけてあげるかということを授業の中では意識しています。

児童の変化で印象に残るものはありますか？

私は休憩時間の子どもの様子が印象に残りました。子どもがトイレから出てきて、パソコンルームに戻るときに、「トコトコトコトコ、左に曲がる、階段を上る」と自分自身への指示をつぶやきながら歩いていたのです。自分自身をプログラミングしていたのでしょうね。

このような力が高まっていけば、困ったときに対応していく問題解決能力にもつながっていくのではないかと思います。プログラミングは、そうした生きる力を養うことに有効なものなのだという意識を持つようになりました。

今後の展望

これから挑戦したいことを教えてください。

教科の授業の中でどう取り入れていくかを考えていくことですね。例えば、算数の「引き算の筆算」には、「同じ位の上の数から下の数を引く、もし上の数から下の数が引けない場合は隣の位から10取って引く」という「手順」「条件分岐」「繰り返し」が含まれます。こうした計算のアルゴリズムとプログラミングを関連付けて考えることで、児童の理解がより深まるのではないかと思っています。

そして、おそらく世の中にそのようにプログラミングと結びつくことはたくさんあるのではないかと思います。

今後の課題

授業を振り返ってみて、課題に感じたことを教えてください。

【IT機器操作の習熟度UP】

授業の中で、私がタブレットをうまく使いこなせない場面がありました。結果的に、「人間なので操作をミスすることもあるという点で、コンピュータとの違い」を強調することができましたが、今後多様な授業をする上で、IT機器の操作を習熟させていくことは重要でしょう。

【省略コードも教えたかった】

私たちの2時間目の授業では、プログラミングは、指示を出せば「同じことを繰り返す」という特性を伝えました。しかし、3、4時間目のHour of Codeを使った授業につなげるには、繰り返しの指示を省略して「×3」などと書くことができるということを伝えてもよかったと感じました。

プログラミングでは、一番シンプルなコードを入れることも重要ですよね。3、4時間目ではそれを学ぶので、2時間目にもその導線を作っておくことができたのではないかと感じました。

第5章

新たな取り組みを始めるために
～先人の経験に学ぶ

　第4章では先生方1人ひとりでどのようなプログラミング教育が考えられるか学校事例を紹介しました。しかし、プログラミング教育という新たな取り組みを始めるためには、担任の先生ひとりの力では実現が難しい点もあります。
　企業においては経営をする上で重要なものとして、「ヒト」「モノ」「カネ」だといわれています。学校においても、プログラミング教育の導入をスムーズに行っていくために、そうした視点は欠かせません。
　「ヒト」は主に学校長が担当する部分でしょうし、「モノ」は主に教育委員会、そして、「カネ」は主に行政が握っていると考えると、そうした授業担当の先生を取り巻く各部門にも目を向けていかなければいけません。
　そこで、第5章ではプログラミング教育を推進している行政、教育委員会、学校長についてご紹介します。すでにプログラミング教育を推進している学校や自治体であれば、どんな狙いを持って各権限機関が動いているのかというヒントにすることができるでしょう。また、現状では導入が進んでいなくても2020年に向けて、今後確実に興味を持つようになっていきます。そのときに備え、どのような狙いを持って推進していけばよいのか参考にしてください。

p.92　［事例1］**自治体**
　　　　　　　　石川県・加賀市

p.98　［事例2］**教育委員会**
　　　　　　　　埼玉県・戸田市

p.104　［事例3］**教育委員会**
　　　　　　　　茨城県・古河市

p.110　［事例4］**学校長**
　　　　　　　　東京都・杉並区立天沼小学校

p.118　［事例5］**学校長**
　　　　　　　　東京都・小金井市立前原小学校

事例1 自治体

石川県・加賀市

2020年全面実施から先駆けて、地域活性化の文脈でプログラミング教育を小中学校同時に導入する

加賀市市長
宮元 陸

- **特　徴**：小松市と福井県に隣接する街。1985年以降人口が減少しているものの、山代温泉、山中温泉、片山津温泉などの温泉地に恵まれて、観光業が盛ん。
- **人　口**：約67,000人
- **学校数**：小学校（19校）、中学校（6校）、高校（4校）、特別支援学校（1校）
- **指定等**：総務省の「若年層に対するプログラミング教育の普及推進」事業（※）に公募、選出された11件の1つが石川県加賀市。北陸からは唯一の選出となった。

※この事業は、プログラミング教育の低コストかつ効果的な実施手法や指導者の育成方法などを、クラウドを活用しつつ実証・全国へ普及させるために、総務省が主導しているプロジェクト。

加賀市では、2020年の新学習指導要領全面実施に先駆けて、小中学校へ一気にプログラミング教育を導入し、第4次産業革命を生き抜く人材の育成を行うことを狙っている。人口減少に悩む加賀市では、高い能力を持った地域人材を育て、その人材を求めて企業が集積してくるような仕組みをつくりたいと考えている。

市長自らが舵をとることで、市政と教育の足並みを揃え、地域人材の育成に向け着実な歩みを続けている。具体的にどのような取り組みを進めているのか、加賀市長・宮元陸氏に伺った。

「ロボレーブ」の大会でプログラミングの可能性を実感

——プログラミングを市全体で取り入れた背景を教えてください。

ロボレーブというアメリカのニューメキシコに本拠地を置くロボット教育の団体と縁があ

第5章 新たな取り組みを始めるために

石川県・加賀市

り、2014年加賀市で大会を開きました。参加者は、70数名。ここでは、子どもたちが、プログラミングをしてロボットを動かします。私はそうした活動を初めて目の当たりにして、子どもたちがものすごく熱中していることが非常に印象に残りました。

私たちは、「プログラミング＝難しい」というイメージを持っていたのですが、子どもたちは思い込みがない分、精神的なハードルなく活動に没頭することができていました。実際に子どもがプログラミングに打ち込む姿を見ることで、「できるのだ」という実感を持つことができました。

そして、言わずもがなですがITの技術革新は、私たちが考えている以上の速さで進んでいます。プログラミングを学んだり、IT技術を身につけたりしていくことは、社会の要請だと考えています。

ロボレーブの大会の様子

ロボットでピンポン玉を運ぶ

ロボットを操作し1対1対戦

93

プログラミングを地域人材育成の柱に据える

――プログラミング教育を国に先駆けて行う意義を教えてください。

　子どもたちに生きる術を身につけて、世の中に出て行けるようにすることは行政の重要な役割です。そのため、教育改革をするならば早く着手したほうがよいと考えました。そこで、2020年のプログラミング教育の必修化を待たずに、小中学校一斉に導入していくことに決定したのです。これは日本初の試みだと思います。

　その背景として挙げられるのは、加賀市の人口減少です。日本創成会議の消滅可能性都市にも挙げられてしまい、国勢調査によるとこの5年程度で4,700人程減少しました。現在の就学前児童は約2,900人しかいないのですが、あと15年間で800人以上減るとされています。

　さらに、温泉地なので1970年代中盤から1980年代には観光客が400万人ぐらい来ていましたが、今では200万人程に落ち込んでいます。市民も観光客も、どんどん減っているのです。これは地方自治体として大きな問題です。

　地域振興の方法としては、従来型の企業誘致をするという選択肢があるでしょう。実際に、隣の小松市は、小松製作所など企業集積がどんどん進んでいます。その隣の能美市は、北陸先端科学技術大学院大学があり、そこに、東レや東芝など名だたる企業が集まっています。そういうエリアと今、加賀市が勝負しても仕方がありません。

　そこで、企業誘致ではなく、投資をして人を育てていく方向に舵を切ったのです。地域で優秀な人材を育てていくことで、企業が集まってくるような在り方は、遠回りのように見えて実は近道。現在は、地域で育てるだけ育てて、皆東京に出て行ってしまいます。地方創生の観点からいくと、地域のために定着して頑張る人材づくりの仕組みを考えていかなければいけません。

　もう少し大きな視野で見ると、国際的にも日本人1人ひとりがスキルを上げていかないと生き残れません。裾野を広げていくことで国は活性化していく、教育とはそんなものではないかと思うのです。

　プログラミング教育は、まさに将来の人材を育成する教育です。人工知能が急速に普及発展して5割近くの仕事が奪われるといわれていますから、産業構造は大幅に変わるでしょう。そうした時代において、技術に使われる側から、技術を使う側の人間・人材を育てられるかどうかがポイントなのです。

第5章　新たな取り組みを始めるために

石川県・加賀市

小中学校でプログラミング教育を同時に実施する

　2015年度から40台タブレットを購入、各小中学校に1～2台配置しました。2016年度は、教育課程内で行うプログラミング教育のために、8月に2日間、10月～12月に1日、合計3日間各学校から1～2名計38名の推進教員を選出し、研修会を実施しました。

　「なぜコンピュータ科学教育が必要なのか」という紹介やプログラミング教育の重要性を説明し、実際に先生方に**ルビィのぼうけん**のワークショップと**Hour of Code**を体験してもらいました。

　続いて、加賀市内の小学校4～6年生の有志の子どもを対象にプログラミングの特別授業を実施。前日の教員向け授業で先生方にお話ししたカリキュラムに沿って、「みんなのコード」の利根川さんに実施してもらいました。市内の教師たちは、子どもたちの様子を見学にきました。

プログラミング特別授業内容

- **1時間目　導入**　コンピュータが使われている身の回りのものを挙げ、コンピュータが私たちの生活で役立っていることを理解しました。
- **2時間目　ルビィのぼうけん**　体や紙を使って、コンピュータの考え方を学びました。
- **3・4時間目　Hour of Code**　画面上のキャラクターを自分で動かすことによって、コンピュータの利用者ではなく作成者になれるという実感を持ちました。
- **5時間目　まとめ**　身近なまだコンピュータ化されていないものにプログラミングをするとどうなるかを議論しました。

学校が自走していける仕組みを市が全面サポート

――今後、加賀市ではプログラミング教育の充実のためにどのような計画を練っていますか？

　2017年度以降も、推進教員が受講した研修を実施し、プログラミング教育を学校で進められる教師を増やしていく予定です。学校の核となる教員を増やし、市全体の底上げを図ってい

く狙いです。

　また、市教育委員会が小学校4年生から中学校3年生までのプログラミング教育カリキュラムを作成する予定です。推進教員を中心に、各学校で加賀市カリキュラムを実施していきます。実施にあたっては、市で担当職員（ITサポータ）を学校に派遣し、授業を行う教師へのきめ細かいサポートを行っていく予定です。

　設備的には、プログラミング教育を実施する環境を整えるため、全小中学校に無線LAN環境を整え、機能的に操作できるタブレットを計画的に配置していきます。人的環境整備は、推進教員を増やしていくための研修を継続して実施する予定です。

利根川のココが
ポイント！

1　未来から考える
　宮元市長はすでに還暦を過ぎていますが、お会いするたびに地域のことを未来志向で考えていると感じます。日々の仕事に追われるとついつい忘れがちな視点ですが、自分の地域の課題を意識していくことが求められるでしょう。

2　トップもディティールまでおさえる
　市長という忙しい身でありながらも最新テクノロジーについて日々吸収しているようです。管理職として「人に任せる」ことも大事ですが、自分自身が各方面の人と会ったり、自分もプログラミング体験したりという姿勢には学ぶ点も多いです。

3　お金と人は引っ張ってくる
　ICT教育・プログラミング教育の実践にあたり「自分には予算が無い（のでできない）」とよく聞きますが、市長といえど人口減少が続く加賀市においては、厳しい制限のもと、分配が求められます。また、加賀市にはICTに明るい人材もほとんどいません。しかし、「足りないものは引っ張ってくる」とのポリシーを感じるほどに、関係省庁に毎週のように出向いて予算を探してきたり、自ら「みんなのコード」を訪問し我々を巻き込んだりしている姿は、これから新たにプログラミング教育を始める自治体や教育委員会などに参考になるのではないかと思います。

第5章 新たな取り組みを始めるために

石川県・加賀市

加賀市のプログラミング教育導入ステップ

　1人で孤軍奮闘しプログラミングの授業をしている先生もいれば、学校をあげてプログラミング教育を実践しているケースもあります。しかし、市をあげてプログラミング教育を導入できている自治体はまだまだ少ないのが現状です。ではなぜ、加賀市ではそれが可能だったのか、サポートとして「みんなのコード」がどのように関わったのかを紹介します。

　総務省の「若年層に対するプログラミング教育の普及推進」に提案し採択されたことにより加賀市のプログラミング教育がスタートしました。

●プログラミング教育の準備・導入の流れ

STEP-1　加賀市教育委員会と「みんなのコード」による打ち合わせ。実際に教材に触れながら、研修計画を練る。
STEP-2　各校においてコンピュータに関する基礎知識を有し、2017年度以降各学校においてプログラミング教育を展開する上で、中核となるメンター教員を募集。
STEP-3　市の小・中学校のメンター教員の育成として、研修を実施。

加賀市の研修実施スケジュール（2016年）

講座名	時期	備考
指導者座学研修	8月1日	「みんなのコード」から、座学でレクチャー。なぜプログラミング教育が必要なのか？　小学校に求められるプログラミング教育とは？　などについて伝える。
プログラミング模擬授業体験	8月2日	「みんなのコード」が児童に向けて授業実践をし、メンター教員がアシスタントとして入る形で模擬授業を体験。
※8月1日、2日に参加しなかったメンター教員を対象に、同様の研修を8月25日、26日にも実施。夏休み期間中に、すべてのメンター教員が、座学と模擬授業を体験した。		
プログラミング研究授業	10月29日	8月2日ないし26日に体験した授業をもとに、メンター教員が児童に向けて研究授業を行う。「みんなのコード」は、事前のICT準備を行ったり、研究授業の振り返りの場で気づきを伝えたりといった形でサポート。
※同様の研究授業を、11月19日、12月3日にも実施。		

　「座学での理解」「実際に授業に参加する立場を経験する」、そして「授業の実践者になる」という3つの段階を踏むことで、初めてのプログラミング教育であっても全員が授業を行うことができるようになりました。

プログラミング模擬
授業体験の様子

指導者座学研修の様子

事例2 教育委員会

埼玉県・戸田市

対話型校長会とプログラミングエバンジェリストを育成し
プログラミングをカリキュラム・マネジメントの起爆剤に

戸田市教育委員会教育長
戸ヶ﨑 勤

- **特　徴**：埼玉県の南東部に位置し、荒川を境に東京都と隣接する。1964年の東京オリンピックをはじめ、各種国際大会などのボート競技会場となる「戸田ボートコース」や年間100万人以上が訪れる「彩湖・道満グリーンパーク」などがある。2016年10月に市制施行50周年の大きな節目を迎えた。住民の平均年齢が39.8歳と22年連続で県内一若く、さらに、JR埼京線、首都高速池袋線、東京外郭環状道路などの交通網を基盤とし、印刷関連業や流通産業などを中心に産業も活発な町で、今なお人口が増え続けている。
- **人　口**：約138,200人
- **学校数**：小学校（12校）、中学校（6校）、県立高校（2校）
- **指定等**：文部科学省の受託事業は、「アクティブ・ラーニングの視点からの学習・指導方法の改善のための実践研究」「外部専門機関と連携した英語指導力向上事業」「総合的な教師力向上のための調査研究事業」「チーム学校に向けた業務改善等推進事業」など多数。戸田市教育委員会独自の取り組みとして、「埼玉県学力・学習状況調査を活用したエビデンスベースによる学力向上の推進」「産官学民連携推進プラン2017」「21世紀型スキル育成プログラム～産官学民の知のリソースの活用～」「国立情報学研究所との協働研究によるReading Skill Test」など多くの事業を推進する。

第5章 新たな取り組みを始めるために

埼玉県・戸田市

戸田市では多くの文部科学省の受託事業や企業との連携、大学との協働研究などをしながら、最先端の教育実践や教育の充実を図っている。2020年の新教育課程全面実施に向けてメインとなるのは、プログラミング教育だ。教育委員会としてどのような整備を行う計画か、そして、プログラミング教育と学校の特色化やカリキュラム・マネジメントへの生かし方などについて、教育長の戸ヶ﨑勤氏に聞いた。

戸田市教育委員会の2本の柱へ込めた思い

――戸田市教育委員会では多様な取り組みをしていますが、中でも柱としている事業はどんなことでしょうか？

「新しい学びの創造」と「指導力のある教員の育成」を2本柱として据えています。それを後押しするような文部科学省の委託事業には積極的に手を挙げて、国の支援を受けながら進めています。「新しい学びの創造」、つまり、21世紀型スキルの1つとしてプログラミングが必要だと考えています。

こうした大きな文脈の下で、事業を推進していることを情報発信することで、戸田市が独自に進めているわけではなく、社会的な要請であるということを市民の方にも理解していただけると思っています。

――2本の柱を実現していくために、注力していることはどんなことでしょうか？

産官学民との連携を推進していることです。今後の教育改革は、私たち地方自治体だけではどうしても限界があります。ですから、企業などの教育イノベーションを上手に活用しながら行うこととしているのです。

一方で、こうした関係を継続するには、企業とWin—Winになるような関係性を結んでいく必要があります。学校現場にもそうした事情をきちんと伝えて、理解を促しています。企業だけでなく、文部科学省や研究機関、大学とも協働で研究を進め、戸田市というフィールドで最先端の教育を展開してもらっています。

こうした産官学民の連携強化で、プログラミング教育だけでなく、戸田市版のアクティブ・ラーニング・ルーブリック（子ども用・指導者用）の構築やカリキュラム・マネジメントの実現につなげているのです。

例外なき授業改革を実現する

――改革の推進における教育長の姿勢として、重視していることはありますか？

　私は常々校長会で「例外を出さない授業改革」の重要性を伝えています。社会の変化に伴い、すべての教員が授業改善をしていかなければいけません。そのために、なんで授業を改善していかなければいけないのかという目的意識や必要性を持った上で、方法やプロセスをすり合わせ、共通理解ができるようになることを重視しています。

　そして、これはICTの利活用についても言えることです。戸田市では、2016年に全小中学校の、体育館なども含む全教室に無線LAN設備を整えました。タブレットもすべての学校に配布しました。もちろん、わかる・楽しい授業の実現のために利活用するわけですので、手段の目的化になってはいけませんが、使用履歴を調査し、使っていない学校からは回収し、必要な学校に補完転換することもあり得るとも伝えています。

「総合的な学習の時間」でプログラミングと経済教育を展開

――どのような形で、プログラミングを導入しているのでしょうか？

　戸田市では、「総合的な学習の時間」を2本立てで行うこととしました。「総合的な学習の時間」は、多くの学校でまだまだ課題があります。特に中学校では、小学校5、6年の「総合的な学習の時間」の授業より指導内容が低い授業が散見されることもあります。

　そこで、「総合的な学習の時間」を学校任せではなく、教育委員会から一部モデルを示していくこととしたのです。今後、「プログラミング教育」と「経済教育」の2本柱で35時間分の戸田市版「総合的な学習の時間」カリキュラムを作っていきます。当面は、10時間ほどをプログラミングに当て、残りの25時間については、経済教育を中心にプログラミング教育と関連付けながら展開するようにしたいと考えています。もちろん、学校では各教科の中でも実態に応じてプログラミング教育を実施してもらう予定ですので、その事例も学校間で共有化したり、教育委員会で示したりしていきたいと考えています。

第5章　新たな取り組みを始めるために

埼玉県・戸田市

プログラミング教育を普及させるための3つの土台

——プログラミング教育への理解・指導力をどう高めていこうと考えていますか？

　様々な教育委員会主催の研修会を開催していく予定です。プログラミング教育の必要性を理解してもらうことが大切ですので、まずは、管理職を中心に社会的な要請があるということをしっかりと理解してもらおうと考えています。

　現在は3本立てで、プログラミング教育普及の土台を作っています。1つ目は、市教育センター研究員制度の活用です。この制度は、教員が教材研究や指導方法を放課後自主的に勉強するための制度です。今年度は市内教員の「4人に1人」に当たる140名もの熱意ある教員が集まっています。各教科などの部会に加え、今年度からプログラミング教育の部会も設け、各学校の核となるエキスパートの教員を育てていきたいと思っています。管理職とともにその教員がメンターとなって各学校で校内研修をすることにより、ボトムアップで指導力が育成できますし、学校ごとの特色ある取り組みを市内で共有することも可能になります。

　例えば、学校によっては、産官学民と連携してコーディングまで進むなど、プログラミング教育をバージョンアップするかもしれません。はたまた、特定の教科でプログラミング教育を深化するかもしれません。また、教科横断的に展開していくようになるかもしれませんね。そのように、プログラミング教育がカリキュラムマネジメントの核になることも期待しています。

　2つ目は、校長会の活用です。戸田市の校長会では、定期的にピアレビューを実施しています。ピアレビューとは、仲間や同僚（ピア）が、経験やノウハウを活用しながら互いの取り組みを診断・評価（レビュー）するものです。つまり、校長という専門職同士が互いに学び合い磨き合う場です。

　一般的に、学校は校内の情報共有に課題があるといわれます。ましてや、学校間での情報共有となると極めて難しいものがあります。このピアレビューは現状や課題などを本音で討論するので、教育委員会からの一方的な指示伝達とは違い、主体的に情報を得ることができます。校長の意識が変われば学校が変わります。つまり校長会は、学校の意識改革に大いに役立つものだと考えています。

　3つ目は、Facebookを活用した情報発信です。教育委員会に加えて私自身のFacebookでも、「○○学校でプログラミング教育の研究授業が行われました」などの情報発信をしています。各校の管理職とはFacebookでもつながっているので、こうした私の発信は自校での活動の刺激や参考になるものと思っています。今後は、情報発信を積極的に行いたい学校のFacebookが順次立ち上がる予定です。

プログラミングをカリキュラム・マネジメントの起爆剤にする

──プログラミング教育を軸にした展望を教えてください。

　新学習指導要領では、カリキュラム・マネジメントに重点が置かれています。しかし、その重要性を何度語っても、「方法がわからない」という管理職は少なくありません。そもそも、なぜ、カリキュラム・マネジメントが必要なのかを自校の実態を踏まえて、明確に答えられる管理職がどのくらいいるのでしょうか。たしかに、従来型の教科の編成だけであれば、カリキュラム・マネジメントは行いにくいと思います。

　しかし、プログラミング教育は小学校に初めて入る学びです。そういった、プログラミング教育を導入するということは、どこでどのように指導していくのかなど、学校のカリキュラムを見直さざるを得ません。まずは、プログラミング教育の必要性を管理職が自分の言葉で語れるようにならなければいけません。また、学校の実態を踏まえつつ、プランを立て教職員全員で共通理解を図らなければなりません。カリキュラムを変えていく、そしてマネジメントする絶好のチャンスであると考えてほしいのです。各学校が主体的に産官学民との知のリソースを存分に活用して、カリキュラム・マネジメントにチャレンジしてほしいと強く思っています。戸田市教育委員会では、プログラミング教育の素材は提供していきますが、それを調理するのは各学校でなければならないと考えています。

──プログラミング教育を導入しようと考えている自治体へメッセージをお願いします。

　各自治体に合致したプログラミング教育というものを真剣に吟味していく必要があると思います。財政力や学力、地域環境、教員の課題などそれぞれの自治体で状況は異なります。特に、プログラミング教育はインフラ整備など地域間のデジタルデバイドの問題も大きいことから、投資の失敗は許されないと思います。しかも、各企業などから出されている教材やコンテンツなどはまだまだ混迷期であるといえるでしょう。そのため、自治体の「真剣さ」と「先読み力」が問われていると思います。

　また、新たなプログラミング教育が導入されるにあたっては、それが入るための教員のゆとり（余力）を作る必要もあります。

　そこで、戸田市教育委員会では、企業と協働して、「可視化」「共有化」「効率化」という3つのワーキンググループを作り、教員の業務改善の研究をしています。

　可視化では、調査文書など実際の業務の見える化を行います。共有化では、それぞれが行っていた業務を一本化できないか検討しています。効率化では、いかにして無駄を排除していく

第5章 新たな取り組みを始めるために

埼玉県・戸田市

かということを実践していきます。学校現場では、「やるべきこと」と「やったほうがよいこと」の区別がなかなかつきません。後回しにすべき「劣後順位」をつけて、業務の統合や削減をしていく方向性を、民間企業に学校に入ってもらって検証したり提言をもらったりしています。こうした取り組みは、学校現場に教育委員会の「真剣さ」や「先読み力」を伝える機会になっています。

　私は、子どもたちの将来を考えたとき、プログラミング教育は必須だと考えています。将来を見据えた最先端の教育を提供していくためには、産官学民との連携が不可欠で、それもファーストペンギンを目指すべきと考えています。その際、教育委員会や学校がその研究やサービスの単なる受益者や消費者に陥らないようにすることが重要です。教育委員会や学校が主体的に関わり、真の協働者となっていく必要があると考えています。

利根川のココがポイント！

1　課題解決思考で取り組む「プログラミング教育」
　戸田市教育委員会の取り組みからは、「戸田市の学校に何ができるか」という発想ではなく、「戸田市の子どもに何が必要か」という観点から考えているのがわかります。

2　課題解決思考に必要な課題探知力
　課題解決思考で取り組むために、まず「課題が何か」を考えるべくアンテナを高く張っている姿勢が見て取れます。多数の委託事業に採択されたり、大学の力を借りることで「情報が入ってくる仕組み」をつくったりと、日々の情報収集活動へ力を入れていることは重要なポイントです。

3　柔軟性をもって改革にあたる
　課題を解決しようとすると、「現有の戦力では足りない」ということがしばしば起こります。そこで戸田市は、市内外の有志の力をうまく借り、課題の解決にあたっています。また、やる気のある学校で実践事例をつくり、うまくいくことを確認できたら横展開するというステップをうまく踏んでいる点も特筆すべき柔軟性だと感じています。

事例 3 教育委員会

茨城県・古河市

2020年までの中期推進計画を策定し、小・中学校にわたってプログラミングを実施する方法を模索する

古河市教育委員会指導課長
平井聡一郎
［取材当時］

- **特　徴**：関東平野のほぼ中央に位置する、茨城県の西端にある市。上野駅まで1時間程で通勤できるため、東京のベッドタウンの役割も担い労働者が流入、人口が増加した。3市町を合併し、現在の古河市となる。
- **人　口**：144,258人
- **学校数**：小学校（23校）、中学校（9校）、高校（5校）、中等教育学校（1校）
- **指定等**：この3年間で文部科学省の「情報教育指導力向上支援事業」で大和田小学校、「ICTを活用した教育推進自治体応援事業」で市内5校、「情報通信技術を活用した教育振興事業IE-School」に三和東中学校が研究協力校になっている。また、総務省の先導的教育システム実証事業には古河第五小学校が取り組んでいる。その他、パナソニック教育財団から、上大野小学校、大和田小学校が研究助成を受けている。プログラミング教育必修化の本質を文部科学省有識者会議委員・実践校教員と考えるシンポジウム「古河市教育ICTフォーラム」や「プログラミングデー in KOGA」などを開催している。

第5章 新たな取り組みを始めるために

茨城県・古河市

全国に先駆けて、プログラミング教育を導入した茨城県古河市。現在は、市内の小学校3校のモデル校を中心に、プログラミング教育を推進している。2020年までに、市内の全校にどのように推進していく計画を立てているのか。古河市教育委員会・平井聡一郎 指導課長（取材当時）に話を伺った。

社会変化から見るプログラミングの必要性

──プログラミング教育導入の意義を教えてください。

　日本は、現時点ですでにプログラミング教育においては発展途上国ではないかと思います。アジアの中でも、シンガポール、インド、マレーシア、台湾などに負け、その上、日本の数少ない優秀な人材は、日本をどんどん離れています。スタートの時点で負けてしまっていますが、その中でいかに効果的にプログラミングを導入できるかを模索していかなければいけないと思います。もともと、私は中学校の技術家庭科の教員だったので、授業の中でずっとプログラミングを教えてきました。その中で、プログラミングは子どもたちの論理的思考を育むには有効だろうということを十分実感してきました。

　私は指導課長として、市内の小中学校32校のすべてを統轄する立場にあります。ちょうど小学校のコンピュータが入れ替え時期ということもあり、iPadを入れたり、3校には児童1人1台持てる環境をつくったりしました。さらに、そのうちの1校である大和田小学校をプログラミングのモデル校に指定しました。この学校を選んだのは、小規模校だからです。1学年1クラスで、担任教師は6人なのでみんなで話し合い、プログラミングのトライアルができます。結果として、個々の教師の取り組みに終わらず、学校を挙げてのプロジェクトへ成長させていくことができました。

　さらに、これからの学校の授業は主体的な学習へと変わっていかなければいけないという課題意識も持っていました。どんなに「学習者主体の学びに変えよう」とスローガンとして掲げても、そう変わるものではありません。なにかツールやきっかけがあり、はじめて変わるものだと思います。そのきっかけとして、プログラミングは有効なのではないかと感じたのです。

学校のプログラミング教材の適性を見極める

──プログラミング教育にはどのようなツールを使うとよいのでしょうか？

　学校で使う教材は、シンプルなものでないといけません。例えば、学習支援ツールの**ロイロノート**は単純で感覚的に使えます。また、あまりに高価なものもNG。紛失するなど管理が大変なものは、学校現場には適しません。

　そうした最低レベルのラインは持っておいて、使えそうなものをどんどん試していくことで、目の前の子どもに合った教材を見つけていくことができるでしょう。

──古河市の小学校ではWi-Fiを整備したのですか？

　Wi-Fiは入れていません。携帯電話の電波でも使用できるセルラーモデルのタブレットを導入しました。学校で使用するにあたっては、きちんとネットがつながり、予算感にズレがないことが重要です。それを実現するために、私のような指導主事と行政担当者がペアで導入を検討してきたことが有効でした。学校現場を知って「何が大切か」を伝えられる指導主事と、ビジネス的な交渉ができる行政担当者がセットになることで適切なツールの導入が実現できると思っています。

　実際に、セルラーモデルであれば使い方の幅が広がることを実感しています。セルラーモデルのタブレットであれば、校外学習や修学旅行に持っていけます。写真を撮ったり、自由行動の報告書をその場で書いたりでき、感動が冷める前に発表までつなげていくことができるのです。

──プログラミングに使う教材・機器を使いこなせないという声も聞きます。
　古河市では、そうした問題をどう打破しているのですか？

　エバンジェリスト制度を設け、プログラミング教育の核となる先生を育てています。現在は、小中学校合わせて25人の教員を選抜しています。エバンジェリストの先生方には、1人10台のiPadとプロジェクターをセットで貸し出し、授業で試行してもらっています。

教科の中でのプログラミング導入方法

──教科の中でどのようにプログラミングを導入できると考えていますか？

第5章 新たな取り組みを始めるために

茨城県・古河市

　プログラミングを小学校の授業で扱うということは、「プログラミングを学ぶ」のではなく、「プログラミングで学ぶ」ということです。目的は教科などの指導目標の習得であり、プログラミング体験はそのための手段。その意識をベースにしながら、授業にプログラミング体験を落とし込むことが大切です。

　具体的な導入方法としては、プログラミングと算数は親和性が高いと思っています。「道のりの計算」は、プログラミングで速度と距離を設定すれば、実感を伴って学ぶことができます。さらに、多角形の外角や内角の性質についての学びも可能でしょう。プログラミングで角度を設定して、多角形を描く体験を積むことで、角度の学びを深めることができます。形の性質を、プログラミングを通して理解することができるのです。

　文系教科では難しいという声もありますが、例えば国語でもプログラミングを利用することはできるのではないかと思っています。国語で、「起承転結を理解し、ストーリーをつくる」という単元がありますが、最初に絵コンテや箇条書きをし、それをプログラミングで実現していくという学習が考えられます。

　ストーリーを表現する段階では、図工とかけ合わせてもよいですね。これまで紙芝居1枚描くことに何時間もかけてきましたが、プログラミングを用いれば効率的・効果的に子どもたちの創造性を具現化していくことができます。

　教科横断的な学びも、プログラミングがあれば可能になります。STEAM教育（Science［科学］、Technology［技術］、Engineering［工学］、Arts［芸術］、Mathematics［数学］）の考え方に合致しているのではないかと思っています。プログラミングをあらゆる学びのハブにして、学びを深めていくことができると考えています。

　他にも、学校行事で活用する手もあるでしょう。小学校で保護者や地域の住民を招いた小学校のお祭りで、**ScratchJr**（スクラッチジュニア）のワークショップを実施しました。ここでは、子どもたちが大人に教えるという活動をしました。

　プログラミングに関しては、大人よりも子どものほうが長けているということが往々にしてあります。そのため授業では、教師はファシリテーターとしての役割が重要になるのです。

プログラミング教育の重要ポイント

――授業で取り組む上で注意すべきことを教えてください。

　プログラミングの学びが、ただゲームをするだけで終わってし

まうことは避けたいところです。そのために、プログラミングの学びでおさえるべきことは2つあります。

1つ目は、実際のプログラミングに入る前にテキストや絵コンテなどを書くことです。プログラマーでいう仕様書をきちんと書けるようになることを重視したいのです。これがあると、プログラミング教育が単なる遊びで終わりません。

このような発想は、私の経験に裏打ちされたものです。昔、プログラミングを自分でしようと雑誌に載っているものをそのまま書きうつしたとき、正確に動かず、バグを発見することもできませんでした。これは、きちんと内容を理解してプログラムを組めていなかったことに起因します。そのため、まずはプラン（仕様書）を書いて、それを1つひとつ実現するという過程を大事にしてほしいと考えたのです。

2つ目は、プログラミングの本質的な理解のためにアンプラグドな学習を取り入れること。「機械は正確に命令すれば正確に動く」「人間は疲れてしまうけれど、機械は何度も同じことを繰り返せる」、そうしたことを理解する必要があるのです。

2020年に向けたプログラミング教育実施計画

—— 2020年の本格実施に向けて、全国の教育委員会にはどんな動きが求められますか？

2020年に、新しい学習指導要領が完全実施になります。プログラミングと同時に英語も教科化しなければいけませんから、一気に進めようとすると学校が疲弊してしまう危険性があります。少しずつ準備を進めていくことが必要です。

2017年でモデル校などの取り組みを参考に、ロールモデルをつくっていく、そして、2018年に教材・ツールを揃えてすべての学校で取り組めるようにできるとよいですね。

学校間で環境の差がある中で、プログラミングを実現していくには、「最低限ここまでやりましょう」というラインを示すことが欠かせません。その最低ラインは、誰でも指導できる、教材がなくても授業ができる、お金がかからないという視点でひかなければいけません。

—— 今後の展望を教えてください。

これから具体的に考えていきたいことは大きく2つあります。1つは、評価について考えることです。アメリカやヨーロッパでも、教科の中にプログラミングを組み込む授業を実施しています。そのルーブリックを日本版に改編していくことができるのではないかと検討していま

第5章 新たな取り組みを始めるために

茨城県・古河市

す。
　もう1つは、中学校でプログラミング教育をどう実施していくかという点です。中学校の技術家庭科では、「計測制御」の分野でプログラミングを行っています。これまでは、その分野で「どうセンサーを使うか」などを考えていればよかったのですが、今後はもっとレベルを上げて授業を構築していかなければいけません。小学校でプログラミング教育が行われるようになれば、中学校ではテキストコーディングや動的コンテンツをつくることなどが求められるようになるかもしれないのです。そうした要請に、中学校が対応できる体制かというと現段階では難しいでしょう。小学校のプログラミング教育の整備と、その一歩先にある中学校での学びの環境整備を見据えていかなければいけないと考えています。

1　2020年完全実施へのスケジュール意識を持つ
　2020年から逆算しましょう、ということが平井課長の最も大事なメッセージです。ついつい足元の現況からの積み上げで考えてしまいますが、2020年度に向け、年度ごとに何をすべきかを逆算し、その上で本年度は何をすべきか、本書を参考に自分の立場でできること・すべきことを考えてみてください。

2　事例を見極め、拡げる目を持つ
　2020年に向け「指導事例のレベル感を見極めること」です。「プログラミング教育を通じて子どもたちの可能性について広くアピールする事例」なのか、「どの学校のどの先生でもできる普及事例」なのかで、教育委員会での扱い方も違ってくるでしょう。この記事では後者の重要性を中心に紹介しましたが、今後は様々な事例を尊重し、他の先生の参考になるよう拡げていくとよいでしょう。

3　「プログラミング教育といえば古河市」のイメージになるまで
　プログラミング教育について少し詳しい方の中には、「プログラミング教育といえば古河市」というイメージをお持ちの方も多いでしょう。古河市がプログラミング教育に着手したのは2015年後半からで、このインタビューまで1年余です。決してはるか先の事例ではなく、現在は情報や教材も増えてきているため、短期間で本インタビューのレベルまで到達することが可能です。

事例4 学校長

東京都・杉並区立天沼小学校

自主研修環境づくりに注力し
校長会にもプログラミング研究会の設置を働きかける

杉並区立天沼小学校 校長
福田晴一

- 学 校 種：公立
- 規　　模：1学年2、3クラス・特別支援学級2クラス、児童数約572名
- 住　　所：東京都杉並区天沼2-46-3
- U R L：http://www.suginami-school.ed.jp/amanuma_es/
- 特　　徴：2014年から2年間、杉並区の課題研究指定校となり、2015年に杉並区教育委員会研究推進事業『タブレットPCに関わる研究』に指定される。コミュニティ・スクール
- ICT環境：4・5・6年生に1人1台（計280台）と低学年用に40台Windowsのタブレット、特別支援学級に1人1台（計18台）のiPad、教師1人に1台タブレット配布

東京都杉並区立天沼小学校は、2014年に杉並区の課題研究指定校となったのを契機に、5・6年生の児童と全教師にタブレットが配布された。2020年のプログラミング教育全面実施に向けて、プログラミングとリテラシー教育の2本柱で、研究を展開している。さらに、教育委員会レベルでの体制構築に向け、校長会での発信を続けている。こうした改革を推進してきた学校長の福田晴一先生に話を伺った。

学校へのプログラミング導入方法

——プログラミングを天沼小学校に導入した経緯を教えてください。

2016年4月の産業競争力会議や文部科学省での有識者会議で、プログラミングの必修化が決定しました。私は、それまではプログラミングの知識はほとんどない状態。しかし、これか

第5章 新たな取り組みを始めるために
東京都・杉並区立天沼小学校

らの社会には絶対必要になるものだということが理解できました。

　天沼小学校は、2014年に杉並区の課題研究指定校となりました。そのときに5・6年生にタブレットが1人1台導入され、教員にも1台ずつ配布されました。そのため、ICTを利用した授業はこれまでも多く実践してきた背景があったのです。その流れを汲み、今回はタブレットを使ったプログラミング教育を行うこととしたのです。

▼天沼小学校のICTを使った授業一覧

学年	教科	単元名（特に育てたい力）	活用番組名／活用ICT機器など
1年1組	生活科	家の仕事にチャレンジ　　　（表現）	デジカメ・電子黒板
1年2組	特別活動	『なかまにいれて』　　　（思考・判断）	NHK for School「で〜きた」
1年3組	国語科	書き順に気をつけて漢字を書こう（思考）	デジタル教科書・電子黒板
1年4組	道徳	『くいしんぼうとおかしの家』友達と仲良く助け合う　　（思考・判断）	NHK for School「新・ざわざわ森のがんこちゃん」
2年1組	音楽科	いろいろな音を楽しもう　　（表現）	デジタル教科書・電子黒板
2年2組	算数科	かけ算九九づくり　　（思考・判断）	電子黒板・デジタル教科書
2年3組	国語科	ようすをあらわすことば（表現）	NHK for School「ことばドリル」
3年1組	理科	太陽の動きと地面のようすをしらべよう　　　　（判断）	Tablet・ロイロノート
3年2組	理科	『ものの重さ』　（思考・判断）	NHK for School「ふしぎがいっぱい3年生」
3年3組	保健体育	毎日の生活と健康　（思考・判断）	電子黒板・Tablet
4年1組	音楽科	日本の音楽に親しもう　　（判断）	Tablet・ミライシード
4年2組	理科	もののあたたまり方　（思考・判断）	Tablet・スカイメニュー
4年3組	国語科	クラブ活動リーフレットを作ろう（表現）	NHK for School「お伝と伝じろう」
5年1組	国語科	天気を予想する　（思考・判断）	学習者用デジタル教科書
5年2組	国語科	「漢字の読み方と使い方」（思考）	ロイロノート
5年3組	道徳	『おくれてきた客』（思考・判断）	NHK for School「ココロ部！」
6年1組	算数科2分割	『犯人の身長をつきとめろ』（思考・表現）	NHK for School「さんすう刑事ゼロ」
6年2組	総合	情報モラルを考える（思考・判断）	東京SNSルールの活用
6年3組	総合	プログラミングを学ぼう（思考）	レゴブロック（WeDo）
特別支援学級こだま	生活単元	『相手に合わせる魔法』コミュニケーションスキルを育てる（表現）	NHK for School「スマイル！」

　プログラミング導入時、「みんなのコード」利根川裕太さんに研修にきてもらいました。校内研修で実際に教員がプログラミングに触れるなかで、「思ったよりも簡単」「おもしろい！」

といったワキワクやドキドキを感じたようです。しかし、最初はみんなゼロの状態からスタートとしても、段々とセンスや得意不得意で差が出てくることも感じました。

──プログラミングを導入する上で、学校長として行ったことを教えてください。

私は、「聞いたことは忘れ、見たものは覚え、やってみたものは身につき、人に教えて定着する」と思っています。そのため、教員に実践してもらう前に、とにかく校長が自分で挑戦し、その経験を伝えていくことにしました。

ですから私は、アンプラグドの**ルビィのぼうけん**の教え方を学んで、教員研修で実践しました。そうすると、「ここでプログラミングの考え方を説明できるな」ということや、「子どもたちにとっては理解の順番が違うかもしれない」などに気づくことができました。

自分で実践してみるなかで、**ルビィのぼうけん**は順序立てて物事を整理していくので、発達障がいのお子さんの成長にも寄与できるプログラムではないかと閃くことができました。

──プログラミングは、どの学年のどの教科で導入しましたか？

2016年度は、6年生の「総合的な学習の時間」で実施しました。2020年に向けては教科にどう入れるかを考えていく必要がありますね。現段階では、実際にプログラミングをするのは高学年というイメージです。

低学年ではアンプラグドな学習をし、素地をつくっておくことが有用かもしれません。プログラミングやコンピュータとは何かを学んだ上で、タブレットやパソコンに触るという活動につなげていきたいと思っています。

アンプラグドから実際のプログラミングにつなげる授業実践

──実際にどのようなプログラミング教育を実践したのですか？

今回研究授業で、6年生の教員が6時間「総合的な学習の時間」で実践しました。まず座学では、信号機の仕組みからプログラミングを学ぶということをしました。

第5章　新たな取り組みを始めるために
東京都・杉並区立天沼小学校

　問題は、「信号機が東西南北に設置されています。東西の信号機の赤の時間は、30秒です。その30秒では、他の信号は何色に変わるでしょうか？」というものです。

　東西の信号が30秒ということは、答えは「南北の信号は、青と黄色を合わせて30秒となる」はずです。そして、信号の転換はどうしてなされるかというと、プログラミングでなるわけなんです。それを伝えた上で、プログラミングの特色を学ぶために、「30秒ごとに信号を変える」という実践を手動で子どもたちに体験させます。続いて、「これを10分続けてみようか？」などと子どもたちに投げかけると、「えー！ 疲れるよ」「めんどうくさい！」などの声が返ってきます。

※学校提供資を編集部で改編。

　そのタイミングで、「信号は24時間休むことなくずっと変わっているんだよ。なんでだと思う？」とたずねます。やり取りを続け、最終的には、「人間が、豊かに安全に暮らせるためにプログラミングがあるんだ」ということへの理解を促します。

　活動後には、「世の中には、こうしたプログラミングで便利になっているものがたくさんある。なにか思いつく？」と児童に挙手させます。子どもたちからは、「エレベーター」や「パソコン」などの例が挙がります。そこから、「プログラミングは人間が安心して安全に豊かに暮らせるためのシステム」だということを伝えていくのです。

　こうしたアンプラグドの実践を経た後に、3人グループをつくり**Hour of Code**を体験させました。**Hour of Code**の活動を子どもは夢中になって進めます。事前のアンプラグドでプログラミングの意味や働きを理解した上で、実践につなげていく流れが重要だと考えています。

プログラミングと情報モラルを教育の両輪に

――プログラミングの授業を導入する上で留意した点を教えてください。

　プログラミングは今後の社会を生き抜くために必要な「アクセル」だと思います。これから世の中を変えていくためのツールだといえるでしょう。一方で、社会の秩序を乱すことに使うこともできるわけです。アクセルの踏み加減を間違えると大変なことになります。ですから、

同時に「ブレーキ」も教える必要があるというのが私の考えです。

つまり、プログラミング教育をしながら「情報モラル」についての学びも並行させていくのです。その両輪の活動を、今年度の6年生では進め、例えば1、2時間目にプログラミングを行い、3時間目には「情報モラル」を学ぶというカリキュラムを組みました。

ただ、まだ情報モラルを習得するためには「何が必要なのか」ということは模索段階です。年間指導計画などは定まっていない状況です。現在は都教委のSNSルールを参照していますが、自校の子どもに合わせたリテラシー教育をオリジナルでつくる必要があると感じています。

さらに加えると、プログラミングも情報リテラシーも小中で連携するという発想も必要だと感じています。

先生・子どもたちが自然に学ぶ土壌をつくることが重要

——先生方向けに定期的に研修などを実施しているのでしょうか？

校長のあり方には、2タイプあると思います。先生方をグイグイと引っ張る"リーダーシップ型"と先生方のモチベーションを上げて自走させるタイプ。私は後者のタイプです。

天沼小学校は幸い、教師に1人1台タブレットが配布されています。自宅に持って帰ることはありませんが、校内では自由に使用しています。そのため、プログラミングに関して新たな情報を得ると、すぐに検索し自分で試し始めます。前述の研究授業の際には、半分くらいの教員がすでに自分で試していました。ある意味、自主校内研修の風土ができているのです。隙間時間を使い、調べて試しながら、教材研究をする姿勢ができているのです。

こうした、教師たちが自由に創意工夫できるのは、子どもたちにもよい影響を与えていると感じます。夏休みの自由研究として**Scratch**で作品をつくってきた子や、**Hour of Code**を休み時間にやっている子が出るなど、自ら学ぶ姿勢が育っています。

——児童も自由にタブレットに触れるようになっているのですね。どのように管理しているのですか？　また、使用の自由度が高いことで問題は起こりませんか？

鍵をつけずに廊下で管理をしています。帰るときにそこで充電して、登校したら子どもたちが各自ピックアップするようにしています。いろいろルールを設ける学校もあると思います

第5章 新たな取り組みを始めるために
東京都・杉並区立天沼小学校

が、天沼小学校では自由使用にしました。このタブレットで検索もできるし、YouTubeも見られます。

みなさんが懸念する通り、導入した年は、タブレットに夢中になった5、6年生が誰も外遊びに行かなくなりました。先生方は焦っていましたが、「絶対に子どもは帰ってくるから大丈夫。方針を守ろう」と伝えました。学年集会で校長として話をして、「杉並区には42校の小学校がありますが、本校だけが1人1台タブレットを持たせてもらっています。どういう使い方がよいか、ちょっと自分たちで考えてみましょう」と伝えたのです。すると、子どもたちは自分たちでルールをつくり始めました。例えば、「友達と遊ぶことは大切だから、動画は3人以上で観よう」などのルールが設けられたのです。

——タブレットの使用に変化はありましたか？

4年生は導入時期なので、教科・単元によって担任が使用方法を指示しています。6年生はタブレット使用の3年目なので、かなりの自由度があります。調べ学習においても、タブレットや書籍、資料集などツールは何を使ってもよいこととし、個別の判断に委ねています。また、課題を早く終えた児童は、NHK for Schoolのデジタルコンテンツの視聴や、学習支援ツールに搭載されている関連するドリルやクイズ的な問題に個別に取り組んでいます。

このように子どもたちが自分たちでタブレットの使用について考えていますから、「先生、なんでこの授業ではタブレットを使うの？」や、逆に「なんでここでは使わなかったの？」といった、教師にたずねるシーンも出てきました。これは、子どもたちにとってタブレットがツールになっている証しです。また、児童集会の委員会発表では、子どもたちはタブレットをプレゼンツールとして使いこなしています。これは、子どもたちにとってタブレットが日常ツールとなっている証しです。

教師は一層ICTのメリットとデメリットをふまえた上で、授業の目的・内容とマッチするかどうかを考えて使用したいものですね。

——保護者から反対の声はありませんか？　どのように理解を促しているのでしょうか？

保護者から、「最近うちの子が"ユーチューバー"とかいうようになって……」などの心配の声が上がったこともありました。しかし、いくら学校で規制しても今の子どもはICTに触れますよね。また、逆に学校でITの扱いをいろいろ教えてくださいという要望を持っている保護者もいらっしゃいます。

天沼小学校では、プログラミング教育と情報リテラシー教育を実施していますが、学校だけ

115

ですべてをまかなうのは難しいと思っています。知見・体験・知識が豊富な者から、乏しいほうに流れていくのがこれまでの教育でしたが、この領域においては、逆転現象が起こりえます。必ずしも、教師から子どもへ教えていくという一方通行にはなりえません。だからこそ、家庭にもその必要性とリスクを正確に理解していただき、学校と家庭が一緒のベクトルで歩んでいけるようにしなければいけないと思っています。そうした理解を得るために、PTAの運営委員会や保護者会などで発信しています。

自分自身で触ってみる、校長会での巻き込みなどが校長としての役割

——今後、プログラミングを導入しようとしている学校長は、どのようなことから始めていくとよいでしょうか？　アドバイスをお願いします。

　2020年の必修化が明確化されたので、教育委員会も学校もプログラミング教育の導入が迫られています。教育委員会が旗振り役を担っている地域も少なくないと思いますが、今のITインフラを考えれば、校長がやる気になれば学校単体でも実践はできます。

　プログラミング教材にはお金をかけずとも試せるものがたくさんあるのだから、校長が真っ先に体験してみるとよいと思います。

　次のステップとして、自校のインフラとのバランスを見て、実施できるプログラミング教育の導入を試みます。例えば、アンプラグドの**ルビィのぼうけん**などはどこの学校でもできますよね。

——学校長として、今後どのような動きを予定していますか？

　区の校長会で、新学習指導要領に向けたプロジェクトの中にプログラミング教育を入れていくことを促進していきたいと思います。少しずつですが、すべての校長の課題意識にプログラミング教育は浮上しているはず。それを、区全体の動きに広げていきたいと思っています。

　校長会で組織的にプロジェクトを組んで、「うちの自治体で何ができるか」を考えていくことは、そんな難しいことではありませんし、どの自治体においても必要なことだといえるでしょう。

第5章 新たな取り組みを始めるために
東京都・杉並区立天沼小学校

最終的には、プログラミング教育を教科にどう落とし込むかを考えていく必要がありますね。
　それについては、研究授業で考えていくとよいでしょう。教員にとって研究授業は、「細かく指摘される」「負担が大きい」などのマイナスのイメージが強い。しかし、プログラミングに関しては楽しく授業が実践できると思うのです。国語や算数などの教科では、これまで何度もベテラン教師が積み重ねてきた授業がたくさんあります。そのため、重箱の隅をつつくようなことをいわれたり、大学の教授がきて理論的な指摘がなされたりします。そうすると、「なんのためにやるのか」という疑問を抱かずにはいられなくなってしまう。中には、「先人たちの授業をそのままやればよいじゃないか」という気持ちにすらなってしまうかもしれません。プログラミング教育の場合は、誰しもがはじめて触れるもの。刺激的で楽しい実践になるはずです。トライアンドエラーを繰り返すのも意義深く、エラーも単なる失敗ではなく「トライアンドシンク」や「トライアンドデバイス」などにつなげていけるものになるでしょう。

利根川のココが **ポイント！**

1　心理的なインフラを教師たちに整えている！
　パソコンやタブレットなどの環境インフラを整えることは多くの学校が思いつくでしょう。しかし、本質的に必要なものはそれだけではありません。重要なのは、「気になったら調べてみる」とか「隙間時間に自分でプログラミングを試してみる」といった、そうした心理的なインフラを整備することです。職員室にそうした文化を築けているのは天沼小学校の強みでしょう。

2　校長が自ら実践している！
　校長が自ら動いて、「意外と簡単だな」「おもしろいな」という印象を持てると、自校の先生方に勧めやすくなります。必ずしも、詳しく理解しておく必要はありません。触れてみる、わからなければ、わかりそうな先生にたずねてみるということから始めていくとよいでしょう。

3　校長会でプログラミングを議題にする
　校長会で他校を巻き込むというのは、校長先生にしかできないこと。ぜひ、実践してください。教育委員会が方針を示すより先に、どこかの校長が「プログラミングをやろう！」と発信することで、学校現場が当事者意識を持って取り組みに移行できます。

事例 5 学校長

東京都・小金井市立前原小学校

子どもは熱中するので
試行する中でプログラミング的思考へと促せばよい

小金井市立前原小学校 校長
松田孝

- 学 校 種：公立
- 規　　模：1学年2、3クラス、児童数約500名
- 住　　所：東京都小金井市前原町3-4-22
- U R L：http://otasuke-hp.otasuke-net.com/koganei/esmaehara/
- 特　　徴：「STEAMとGamificationが創る新しい「学び」──プログラミングは新しい『学び』の象徴!!」を学校の標語に掲げ、校長が旗を振りプログラミング教育を進めている。
- ICT環境：タブレットは1人1台、iPad、Chrome Book、Windowsタブレットが配布されている。Wi-Fiは全教室で通じる。教室のコンセントに延長コードを差し、代わる代わる充電して管理。

　東京都小金井市立 前原小学校の松田孝校長は、全校児童にタブレットを配布し、プログラミング教育を進めている。プログラミングを教科教育の道具として使いこなすだけでなく、子どもたちがこれから生きていく将来を見据えて、教育の意義を問い直すところまで松田校長の思考は及ぶ。
　プログラミング教育にどのような未来を見出しているのか伺った。

プログラミング教育に込めた思い

――プログラミング教育を導入した経緯を教えてください。

　私は、前任校でプログラミング教育をスタートさせました。仕事上、パソコンを使うことはありましたが、プログラミングをしたことはありませんでした。

第5章 新たな取り組みを始めるために
東京都・小金井市立前原小学校

　あるとき、知人に誘われて、子どもを対象としたプログラミングのイベントの見学に行きました。そこでは子どもたちが、プログラミングに食らいついて学んでいたのです。「なんだこれは……」と正直なところ、衝撃を受けました。そこではじめて、プログラミングの学びの可能性を感じたのです。

　また、学校現場においてICTの利用があまり進んでいないという点への危惧を抱いていました。2009年度補正予算における「スクール・ニューディール」構想で、電子黒板が学校に配布されましたが、今でも空き教室の隅で多くが埃をかぶっています。

　「これからの新しい時代に必要な最新のテクノロジーなのに、なんで使わないんだ」、当初私はそんなふうに思っていました。しかし、教員たちの様子を見ていて、彼らがテクノロジーを活用しない理由に少しずつ気づいていきます。その理由としては、「従来の教育で間に合っているから」だったのです。戦後日本が積み上げてきた教科教育は、素晴らしい実践や研究に裏打ちされています。つまり、非常に完成度が高いものにまでなっているわけです。しかも、私たち教員はそれを大学時代に教科教育法の授業の中でみっちり勉強してきます。

　一方で、ICTを使えば、Wi-Fiがつながらない、情報端末が起動しないなどのトラブルが起こります。操作に慣れていなければ、その対処に手間がかかり、授業時間を無駄にしてしまうかもしれません。そんなリスクをおかすのであれば、大型モニターなど使わずに、拡大コピーを取って黒板に貼ったほうが間違いないという結論に、ベテランで授業に熱心な先生ほどたどり着いてもおかしくありません。つまり、授業スキルがある先生の指導ほどICTが入り込む余地がなかったわけです。

　しかし、プログラミング教育では情報端末そしてICT教材は不可欠。教科教育にテクノロジーが入り込む余地がないのであれば、プログラミング教育で使えばよいのではないかと思いました。

　授業に取り入れた当初は、プログラミング的思考を深く理解していたわけではありません。これからの社会では、ICT機器を使いこなすことも、プログラミングも重要だから、やってみる価値はあるという思いで進めていきました。

保護者からの反応

——プログラミング教育に力を入れることやICT機器を子どもに持たせることについて、保護者の反応はいかがでしたか？

　保護者は自分たちがこれまで受けてきた教育のイメージがあり、それを基準に自分の子どもの教育を考えがちです。社会の変化に対応しなければいけないと頭ではわかっているものの、新しい教育には不安がある。実際に、「従来通りの教育で、基礎基本をしっかりと学ばせてほしい」という要望をもらったこともあります。

　しかし私は、基礎や基本を丁寧に学ぶことと、ICT活用やプログラミングの授業実践は矛盾しないものであると思っています。ですから、保護者に研究授業などプログラミング教育の実践の場に来てもらい、その実状を見て納得してもらうなどの方法を採ってきました。

　さらには、毎月発行する学校だよりに、学校評価で出てきた否定的な意見に対してプログラミングの必要性と可能性を伝えたり、保護者会などで説明を繰り返したりしています。

——保護者からは、どんなことを懸念する声がありますか？

　私たち教師も、ICTの普及による情報氾濫のリスクやデメリットについては敏感でなければいけません。プログラミング自体の弊害というよりは、ICT（特にスマートフォンなどの情報端末）を子どもが使用することへの不安が大半です。

　リスクは3つあると私は思っています。1つは、セキュリティの問題。個人情報が漏れるのではないかという危機感が保護者にはあります。2つ目は、情報リテラシーやモラルの問題。3つ目は、健康被害。視力の低下をはじめ、ストレートネックや依存症を危惧する保護者が少なくありません。

　しかしデメリットやリスクの部分ばかりに注目して、学習の推進を阻むわけにはいけません。例えば、自動車は移動手段としてすごく便利なものですよね。その一方で、交通事故のリスクはあります。1年で、4,000人以上の尊い命が失われています。しかし、「危ないから使わない、自動車をなくそう」ということにはなりませんよね。免許制をしいたり、小学校で安全指導日や教室での交通事故へのリスクを伝える教育をしたりして、車社会との安全で上手な付き合い方を学んでいます。

　情報化社会でも同様に子どもたちにデジタル機器との接し方、高度情報化社会の歩き方を学ばせる必要があると思います。

　情報ツールは今の20代が一番よく使用していると思いますが、その世代は学校でリテラシー

第5章　新たな取り組みを始めるために
東京都・小金井市立前原小学校

やリスクについて学ぶ機会がありませんでした。そのため、今いろいろな問題が起きていますよね。きちんと学校が便利さとその裏にあるリスクを踏まえながら、教育していくことの必要性が顕著に表れているのではないかと感じています。

学校にプログラミング教育を広めるために行ったこと

——前原小学校でプログラミング教育を最初に行った際、どのような取り組みをしましたか？

　赴任して最初の挨拶で、「3年生以上の学年の『総合的な学習の時間』で、20時間プログラミングをするので、指導計画を修正してください」と先生方に伝えました。おそらく、面食らった先生がほとんどだったでしょうね。

　しかし、誰かを指名したり、研修を計画したりすることはしませんでした。私が「やる」と言い出したので、私がやってみないことには始まらないと思い、自分で授業実践をしたのです。「この日のこの時間にプログラミング教育の実践をします」ということを全教員に伝え、教員の参観を促しました。子どもたちがのめり込んで学びを進める姿を見て、先生方のプログラミングに対する印象が変わったようです。また、プログラミング教育の場合、教師の役割がティーチングから、授業中の子どもたちへのファシリテーションに変わります。そうした指導の転換や子どもたちの学びの様子を見て、やってみたいと思うようになった教員が増えたと感じています。

　「校長自らが授業実践するのはハードルが高い」と思う方は、学校の中で核になるような若手の先生にアサインしてみてもよいでしょう。

——ICT教材が揃っていないという課題を抱えている学校も多いと思いますが、そのような場合どうすればよいでしょうか？

　前原小学校は幸いにして潤沢にICT機器を揃えることができました。しかし、機器がなくてもパソコン教室はどこの学校にもあるので、できることは意外と多いものです。**Scratch**や**Viscuit**（ビスケット）、**Hour of Code**などはみんなパソコンで無料で使えます。ぜひ試してみてください。

——最初にどのような授業から始めたらよいかわからないという学校も少なくないと思います。どのような授業内容が考えられますか？

　私がお勧めする導入となる授業は、児童に「総合的な学習の時間」で**Viscuit**か**ScratchJr**に取り組ませることです。はじめて**Viscuit**に触れた子どもたちでも、メガネの差分が命令となる**Viscuit**プログラムを体感的に理解して、思い思いの作品を楽しそうに創り上げていきます。また、**ScratchJr**には紹介動画が付いているので、それを見せて子どもに「やってごらん」と促すと夢中になってやります。

　教師は、「すごいじゃん！　みんな見て」とか、「○○ちゃん、こんなふうにできたよ！」などと声をかける役割です。すると、クラス全体に楽しい学びが広がっていきます。

　最初はこのプログラミングの活動がどこにつながっていくのかわからないかもしれません。しかし、やっていくうちにプログラミング的思考の内実やその必要性がわかってきます。

——プログラミングと社会との接続について、どのように伝えていけばよいでしょうか？

　プログラミング授業の導入には、映画『スター・ウォーズ　フォースの覚醒』に登場した、ミニチュアラジコン「**BB-8**」（Sphero社）を使用しました。**BB-8**は、**Tickle**（ティックル）というiPadアプリでプログラミングして操作できます。また、無料サイトから音楽をダウンロードし、プログラミングでそれに合わせて踊るように設定しました。

　子どもたちは、**BB-8**のダンスを見てプログラミングの命令通りに動くこと、一度命令されたら電池が切れたり部品が消耗したりしなければ、ずっと動き続けることを学びました。

　さらに、**BB-8**のようにプログラミングされたものが「身の回りにいっぱいあるんだよ」と伝え、教室を見渡し「クーラーがあるね」や、「家を思い出して」と促し「パソコン」「スマートフォン」「テレビ」などを挙げさせました。

　20年後、今の小学生が大人になる頃にはもっとたくさんのプログラミングされているものが身の回りにあふれているでしょう。「自分に必要なものをニーズに合わせて、カスタマイズできるようになるよね」「ゲームでバグったときに、自分でデバッグできたら最高にいいよね」などと具体的にプログラミングができるイメージを持てるような声掛けも有効です。これからの社会はプログラミングに関連する仕事もさらに増えます。「みんなが仕事を考える際にはプログラミングを知っていたほうがいいよね」と学習動機をつけさせることも大事なキャリア教育となります。

第5章 新たな取り組みを始めるために
東京都・小金井市立前原小学校

実践してみて気づく課題

――プログラミングを実践するにあたって難しかった点はありますか？

やりたいプログラミングでOSが限定されることがあることに苦労しました。例えば、あるプログラミング教材は、Windows OSでないとプログラミングができません。また、**Scratch** はFlashがないと動かないのでiPadでは使えません。

そうすると、せっかく1人1台タブレットが配布されているのに、タブレットを貸し借りしなければいけないケースが出てきます。自分のものでなければ、作品を保存することなどが難しくなるので、どのように運用すればよいかは悩ましいですね。

また、クラウドを活用した学びの環境を整えることも重要だと思いますが、セキュリティポリシー上難しいケースもあります。セキュリティポリシーは、地方自治体ごとに決められていることが多いので、学校だけの問題ではなく市区町村や都道府県を巻き込んで考えていかなければいけないと思います。

プログラミング教育の教科導入に向けて

――プログラミングを教科の学習に入れるという方針が示されていますが、これについてはどのようにお考えですか？

教科にどうつなげるかについては、まだ多くの学校で筋道が見えていないのではないかと思います。

子どもたちがプログラミングを扱う経験やプログラミングで遊ぶ体験がない状態で、教科の「ねらい」の達成とプログラミングを掛け合わせることは、ハードルが高いと考えています。まずは、使い方を学ぶ、使う経験をしてみて、教科につながりそうな点を自身で見極めていくとよいのではないでしょうか。

前原小学校では、昨年度「総合的な学習の時間」で20時間プログラミングの時間を取り、まず教師も児童もプログラミングに触れてみることやプログラミングで遊んでみることを重視しました。さらに、音楽の時間に作曲や、図工の時間にデジタルアートに取り組むこともできるでしょう。音楽で10時間程度、図工で10時間程度実施すれば、今以上に多くの時間、情報端末に触れることになります。

そうやって、まずは先生や子どもたちが抵抗なく触れられるようにすることが先決です。小学校1年間の学年の総授業数は1000時間程度です。その中の1割、プログラミングを含め授業におけるICT活用が図ることができれば習熟につながると考えています。

――学年ごとにプログラミングの導入をどう図っていくお考えですか？

　すでに高学年では、「総合的な学習の時間」で実施していますが、1、2年にも導入していく予定です。具体的には、授業内ではありますが、教科にカウントしない（教育課程外として）実施する予定です。小学校現場にいるとわかりますが、1、2年生の余剰時数を活用して10〜20時間取ることは問題ありません。公開授業では、1〜6年生まで全学年でプログラミングの授業を実施しました。

▼2016年11月26日に前原小学校で行われた公開授業一覧
（1）9:00〜10:00（60分）一コマ目授業
　　1年生2クラス公開（ルビィのぼうけん & PETS）
　　2年生2クラス公開（Viscuit & ScratchJr）
　　3年生1クラス公開（Minecraft & ScratchJr）
　　4年生2クラス公開（Pyonkee & ScratchJr）
　　5年生1クラス公開（Studuino）
　　6年生1クラス公開（CodeMonkey）
（2）10:15〜11:15（60分）二コマ目授業
　　1年生2クラス公開（ルビィのぼうけん & PETS）
　　2年生1クラス公開（Viscuit）
　　3年生1クラス公開（Scratch）
　　4年生2クラス公開（Pyonkee & Scratch）
　　5年生1クラス公開（レゴ マインドストーム EV3）
　　6年生2クラス公開（GarageBand & CodeMonkey）

これからのプログラミング教育の役割

――これからの社会におけるプログラミング教育の役割を教えてください。

　現在は、第4次産業革命といわれています。こうした社会において情報端末は人間の能力を50億倍拡張してくれるともいわれています。これを教育に使わない手はないでしょう。たくさん使い、その機能を自分のものにしたら、もっと魅力的な授業ができるはずです。それを知

第5章 新たな取り組みを始めるために
東京都・小金井市立前原小学校

らないで、最初から従来教科のフレーム（アナログ時代に確立した指導法など）に限定して情報端末を活用するのは、宝の持ち腐れです。

例えば、小学校には「自分たちのまち見学に行こう」という社会科の単元がありますが、今はまちめぐりをしながらメモを取り、最終的に模造紙を広げて大きな道路を描き、ティッシュ箱などの空き箱で建物を再構成しています。これを、**Minecraft**の世界で、グーグルアースやストリートビューなどを駆使しながらつくることもできるでしょう。

最近の私の課題意識は、いかにIoTにつなげたプログラミングをするかということ。例えば、学校施設での事故をなくすためにプログラミングを活用できないか考えています。小学校では子どもが廊下を走って危険な目にあうことがよくありますよね。そこで、走った瞬間に前に煙があがる、ハリー・ポッターの魔法学校のような設備をプログラミングでつくってみてもおもしろいと思っています。一方的に教師が取り締まるのではなく、子どもたちにプログラミングを使って考えさせ、自分たちが実用化するにはどうしたらよいかアイディアを出し合えれば最高におもしろいですよね。

1 「時代の三歩先一歩右」を行く校長のスタイル

必修化の方針が確定する前からプログラミング教育に取り組んできた松田校長。未来の子どものために必要であろうことに突き進むその姿勢から学ぶことは多いです。時代を先取りし、オリジナリティを持ってプログラミング教育に臨む姿は「時代の三歩先一歩右」にいると感じさせます。

2 自らの背中を見せる

「校長自ら授業をやってみる」というスタイルに刺激を受けます。いずれにせよプログラミング教育推進には「前提にとらわれず実行する」というスタンスがポイントになります。

3 子どもの姿にまわりがついてくる

子どもの反応を見て先生方が変わっていく好例です。管理職でない読者のみなさんも、子どもの様子を見せると他の先生の心にスイッチが入るという観点を意識しておくとよいでしょう。

付録 A
プログラミング教材一覧

プログラミング教育の教材は続々と新しいものが登場しています。しかし、実際のところ何を使えばよいのかわからない先生方も少なくないでしょう。ここでは、プログラミング教育で使われている教材の一部を紹介します。

プログラミング教材の種類

　プログラミング教材は大きく分けると、「[1] アンプラグド」「[2] ソフトウェア」「[3] ロボット」「[4] その他」があります。

［1］アンプラグド
　コンピュータを使わずにプログラミング的思考を学ぶ教材です。低学年から実施できるものが多いことが特徴です。しかし、指導に際しては教師側がプログラミングについてきちんと理解しておく必要があります。実際に体を動かしてみたり、用紙を使って学習したりするため、プログラミング教育でしばしばネックとなる予算の心配をする必要がほぼありません。

［2］ソフトウェア
　コンピュータにプログラミングをし、コンピュータの中のキャラクターなどを動かす教材です。特徴としては、幼稚園児向けに開発されたものから実務でプログラマーが使うのと同じレベルのプログラミング言語を学べる教材まで多様な種類があることです。無料で使えるものも、プログラミング教育で最もメジャーな教材の1つであるScratchを筆頭に多くあります。

［3］ロボット
　コンピュータにプログラミングをし、外づけのロボットを動かす教材です。特徴としては実際に"物"を動かすことで、児童の興味を強く喚起することができることです。ただ、実物が必要なため、無料の教材は原則的にありません。

［4］その他
　上記3つに分類されない教材です。本付録ではプログラミングに有用なコンピュータやおやつを配置してプログラミングする教材などを紹介します。

付録A　プログラミング教材一覧

▼プログラミング教材の種類

	難易度	予算
[1] アンプラグド	児童○　　指導×	ほぼ無料
[2] ソフトウェア	○～×まで様々	無料から有料まで
[3] ロボット	△（プログラミング以外の要素も必要）	基本的に有料
[4] その他	―	―

※○実施しやすい　　△ブロックの組み方やツールの使い方などプログラミング以外の要素も必要
　×指導する際にプログラミングの基礎的な知識が必要

ソフトウェア教材の分類

[2]のソフトウェア教材はもっとも種類が多いので、さらに2つの軸で分け、計4つにプログラミング教材を分類することで選択をしやすくしました。

1つ目の軸　プログラミング方式「ビジュアル or テキスト」

「ビジュアル」タイプは、文法によるエラーなどがなく、「順次」「繰り返し」「分岐」といったプログラミングの考え方の学習に集中しやすいです。対して、通常のプログラミング言語のようにテキスト（コード）を入力する「テキスト」タイプのほうが、関数の種類が豊富であり、高度なことができる場合が多いです。

2つ目の軸　課題設定方式「チュートリアル型 or 自由型」

チュートリアル（ドリル）型は、教材が子どもを導いてくれるので、プログラミング初学者であっても比較的指導が容易です。また、同時に多人数の指導が可能な点も特徴です。一方で、自由型は子どもの創造力・問題解決能力を育むことができ、図工などの表現的な活動には自由型のほうが馴染みやすいでしょう。

❶ビジュアル×チュートリアル・ドリル型 → ❷ビジュアル×自由型 → ❸テキスト×チュートリアル・ドリル型 → ❹テキスト×自由型と進むのが、一般的には発達段階に沿っていると筆者は考えています。

▼ソフトウェア型教材の選定

❶→❷→❸→❹の順で体験するのがおすすめ

		形式	
		チュートリアル・ドリル型	自由
プログラミング方式	ビジュアル（ブロック）	❶ ・Hour of Code ・プログル　　など	❷ ・Scratch ・Viscuit　　など
	テキスト	❸ ・CodeMonkey ・CodeCombat　など	❹ ・JavaScript ・Python　　など

127

［1］アンプラグド
1. ルビィのぼうけん

物語とワークブックの2部構成の絵本です。コンピュータに触れる前や触れた後に利用するアンプラグド（コンピュータ不要）の教材として広く活用されています。女の子が喜ぶ可愛い世界観で、プログラミング的思考やプログラミングにおける論理的思考を体感できます（男の子もきちんとワークに取り組んでくれます）。

| 使い方案 | 低学年から使用可能な教材です。本書p.48やp.84の事例のように、生活科や家庭科、国語科、体育など自分たちの身の回りのくらしについてプログラミング的思考で掘り下げることができます。 |

| 必要な準備 | 絵本　または　ワークショップ・スターターキット |

| 費　　用 | ［絵本］定価1,800円＋税
［ワークショップ・スターターキット（※）］実売価格30,000円＋税
※学校・先生向けプログラミング教育支援教材セット。 |

| 問い合わせ先 | 株式会社翔泳社
🌐 ［絵本］http://www.shoeisha.co.jp/book/rubynobouken/
　［キット］http://www.shoeisha.co.jp/book/rubynobouken/kit |

・・

［1］アンプラグド
2. PETS（ペッツ）

指示が入った実際のブロックをロボットに差し込むことで、動きを指示していくことができます。動きが可愛らしく、小学生が夢中になります。

| 使い方案 | 英語の「Hi, friends!」の『Lesson 5 道案内をしよう』の単元に紐付けることができます。「Go straight.」「Turn left.」などの指示をロボットに出し、実際の動きを見て、具体的にイメージをしながら学べます。低学年から活用できます。 |

| 必要な準備 | 単三形電池4本 |

| 費　　用 | ［組み立てキット］20,000円＋税
［組み立て済み］25,000円＋税 |

| 問い合わせ先 | 株式会社for Our Kids
🌐 https://4ok.jp/ |

付録A　プログラミング教材一覧

[2] ソフトウェア [ドリル×ビジュアル]

3. Hour of Code（アワーオブコード）

アメリカで開発され、世界中に広がったプログラミング教材。ブラウザ上でディズニーなどの人気キャラクターを動かすことができ、子どもの心をつかみます。ブラウザ画面の中で課題が指示されるドリル型教材なので、1人の先生で多数の児童を指導できます。プログラミング初学者に適しています。

使い方案　本書p.84の事例のように特別授業や「総合的な学習の時間」、本書p.72の事例のように英語でも使用できます。

必要な準備　パソコン　または　タブレット
※インターネット環境とブラウザが必要。

費用　無料

問い合わせ先　みんなのコード
🌐 http://hourofcode.jp/
✉ info@code.or.jp

[2] ソフトウェア [ドリル×ビジュアル]

4. プログル

日本の教科単元と密接にリンクさせたプログラミング教材です。教科の目的とプログラミング的思考をドリル型で同時に学ぶことができます。使い方がシンプルに示されているので、初めてプログラミング教育に携わる先生にもハードルが低く取り組みやすいです。

使い方案　本書p.60の事例で使っていた5年生の算数の公倍数について学ぶコースと、多角形と円について学習するコースがあります。

必要な準備　パソコン　または　タブレット
※インターネット環境とブラウザが必要。

費用　無料

問い合わせ先　みんなのコード
🌐 https://proguru.jp/
✉ info@code.or.jp

[2] ソフトウェア［ドリル×ビジュアル］

5. Swift Playgrounds （スイフト プレイグラウンド）

Appleが自ら開発したプログラミング教材。実際にiPhoneやiPadのアプリケーション開発で使われている言語を使います。小学生でも学べるようわかりやすくつくられており、教師向けのガイドも充実しています。

使い方案 ビジュアルプログラミングからテキストコーディングへ移行する段階で有効なツールです。テキストを入力できなくても、英単語の意味が大まかに把握できる状態であればiPad上で簡単に学習できます。

必要な準備 タブレット（iPad）
※動作環境は問い合わせ先Webサイトのダウンロードリンクをご確認ください。

費用 無料

問い合わせ先 Apple
🌐 https://www.apple.com/jp/swift/playgrounds/

---

[2] ソフトウェア［ドリル×テキスト］

6. CodeMonkey （コードモンキー）

イスラエルで開発されたプログラミング教材です。猿がバナナを回収しに行くゲーム性のある教材になっています。「left」や「right」など簡単な英語を入力する必要はありますが、ゲームの説明やほめる声掛けなどは日本語です。

使い方案 テキストプログラミングに進みたい子ども向けです。テキストを入力する必要があるので、高学年〜中学生以上向け。ある程度英単語がわかれば、学齢が低くてもOKです。

必要な準備 パソコン　または　タブレット
※※インターネット環境とブラウザが必要。
※動作環境は問い合わせ先Webサイトをご確認ください。

費用 オープン価格（学校向けライセンス）
※30ステージまでは無料。

問い合わせ先 ジャパン・トゥエンティワン株式会社
🌐 https://codemonkey.jp/
📞 03-5456-8540

©CodeMonkey Studios Inc.

[2] ソフトウェア [自由×ビジュアル]

7. Scratch 2.0（スクラッチ）

世界で幅広く使われている教育用プログラミング実行環境です。マウスだけで操作でき、入門用としてハードルが低く設定されていますが、高いレベルにも対応可能なよう多様なブロックが用意されています。

使い方案 汎用性が高く、教科の内容と組み合わせる学習にも適しています。また、子どものゲームづくりなどに使用しても楽しめます。本書p.54の事例で紹介した小学校5年生の多角形の学習はひとつ前のバージョンのScratch 1.4をiOSに移植したPyonkee［※］で実施しましたが、Scratchでも同様のことが可能です。自由度が高いため、教師の創意工夫で活用しやすいです。

必要な準備 パソコン　※推奨環境はhttps://scratch.mit.edu/info/faqをご確認ください。
　　　　　　　※iPadの場合、Pyonkeeが互換性があり実行可能。

費　用 無料

開発元 MITメディアラボ Lifelong Kindergarten Group
🌐 https://scratch.mit.edu/

※Scratch 1.4のソースコードをベースにSoftUmeYaが開発した、iPadで動くビジュアルプログラミング環境。

---

[2] ソフトウェア [自由×ビジュアル]

8. ScratchJr（スクラッチジュニア）

Scratchをシンプルにし、タッチインタフェースで入門のハードルをさらに低くした教材です。文字をなくしたブロック（矢印など）を繋げてキャラクターを動かしてプログラミングします。

使い方案 キャラクターや背景にタブレットで撮影した写真を使ったり、自分を描いた絵を使用したりでき、表現活動と親和性が高いです。5～7歳の子どもを対象に開発されているため、小学校低学年から使いやすい教材です。

必要な準備 タブレットなど
　　　　　　　※動作環境は開発元Webサイトにある各ストアのリンク先をご確認ください。

費　用 無料

開発元（共同開発） MITメディアラボ Lifelong Kindergarten Group、タフツ大学 DevTech Research Group、PICO社
🌐 https://www.scratchjr.org

[2] ソフトウェア [自由×ビジュアル]

9. Viscuit（ビスケット）

自分で描いた絵にメガネで指示を与えて、思い通りに動かすことができます。テキストはまったく使わないため、英語はもとよりひらがなが読めなくても問題ありません。「ビスケットで絵を描く」「メガネで動きをつくる」というように操作自体のハードルが低く、遊びながらプログラミングできます。

使い方案 低学年にも簡単に活用できます。自分で描いた絵を思い描いた世界観通りに動かせるので、「総合的な学習の時間」のほか、図工などにも取り入れられます。

必要な準備 パソコン　または　タブレット
※動作環境は問い合わせ先Webサイトをご確認ください。

費　用 無料

問い合わせ先 合同会社デジタルポケット
🌐 http://www.viscuit.com/
✉ info@viscuit.com

※ビスケットの指導者を育成する「ビスケットファシリテーター講習」も開催しています。詳しくは http://www.viscuit.com の「ビスケットファシリテータ講習」をご覧ください。

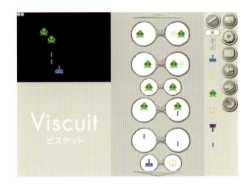

---

[2] ソフトウェア [自由×ビジュアル]

10. プログラミン

文部科学省が小学校プログラミング必修化発表前から公開しているビジュアルプログラミング実行環境です。日本語のブロックで指示を出すことができ、上下左右、「繰り返し」「分岐」などのプログラミング的な指示を一通り体験できます。

使い方案 角度を指示するブロックが出てくるので、「角度の求め方」の学習以降の小学校中学年からの教材として適しています。クラブ活動などでもよく使われています。

必要な準備 パソコン　または　タブレット
※インターネット環境とブラウザが必要です。

費　用 無料

問い合わせ先 文部科学省
🌐 http://www.mext.go.jp/programin/

出典：文部科学省「プログラミン」ホームページ
（http://www.mext.go.jp/programin/）

［3］ロボット
11. 教育版レゴ マインドストーム EV3（イーブイスリー）

本体、ブロック、センサー、モーターを組み合わせることで、自由に制御できるロボットをつくれるロボットプログラミング教材です。レゴブロックなので自由度が高く、センサー・モーターの種類も豊富なので、多様な創作活動ができます。付属のソフトウェア・アプリでビジュアルプログラミングができます。

使い方案 自由度の高い教材なので、工夫次第で幅広い教科で活用できます。授業実施に際してはプログラミング以外にもロボットの組み立ての時間も必要な点に留意が必要です。活用授業例は、5年生・理科「振り子のきまり」、5年生・算数「多角形と円」や「総合的な学習の時間」。

必要な準備 パソコン　または　タブレット
※動作環境は問い合わせ先 Web サイトをご確認ください。
※ソフトウェア・アプリは無料ダウンロード（複数台のパソコン・タブレットにインストール可能）。

費用 ［教育版レゴ マインドストーム EV3 基本セット］標準価格：53,040 円＋税

問い合わせ先 株式会社アフレル
🌐 https://afrel.co.jp/product/ev3-introduction
✉ info@afrel.co.jp

©LEGO, the LEGO logo, MINDSTORMS and the MINDSTROMS logo are trademarks of the LEGO Group.
©2017 The LEGO Group.

---

［3］ロボット
12. レゴ WeDo 2.0（ウィードゥ）

レゴ ブロックを組み立て動かすことで、子どもたちが楽しく簡単にプログラミングとものづくりができる、小学生向けのロボットプログラミング教材です。マインドストームよりもシンプルに動かすことができて、付属のソフトウェアに収録されているコンテンツを利用すれば簡単に授業を始めることができるのが特徴です。付属のソフトウェアでビジュアルプログラミングができます。

©LEGO is the Trademark of the LEGO Group.
© 2017 The LEGO Group.

使い方案 EV3は比較的高学年向け、WeDo 2.0は低学年向けという使い分けが考えられます。ロボットプログラミング教材の中では比較的シンプルで使いやすい教材です。活用授業例は、5年生・理科「天気の変化」「流水の動き」、6年生・理科「電気と私たちのくらし」や「総合的な学習の時間」。

必要な準備 パソコン　または　タブレット　※動作環境は問い合わせ先 Web サイトをご確認ください。
※ソフトウェアは無料ダウンロード（複数台のパソコン・タブレットにインストール可能）。

費用 ［レゴ WeDo 2.0 基本セット］標準価格：24,000 円＋税

問い合わせ先 株式会社アフレル
🌐 https://afrel.co.jp/product/wedo2.0-introduction
✉ info@afrel.co.jp

[3] ロボット

13. Sphero SPRK+ (スフィロ スパーク プラス)

プログラミングを通して様々な学びを体験できるボール型ロボット。教育向けアプリ「Sphero Edu」で、ブロックベースのプログラムを簡単に作成して制御、共有ができる。完全防水なので、ボディに絵の具をつけてプログラムで動かして図形を描いたり、水上移動も可能で、授業での使い方はアイディア次第。3時間充電で1時間作動し、頑丈で取り扱いも簡単です。

使い方案 曲に合わせてボールを光らせる音楽×図工、音楽×「総合的な学習の時間」などの授業で使用する事例が出てきています。また、算数の多角形を描く授業に使うこともでき、様々な教科の中で創造性を育みます。

必要な準備 スマートフォン または タブレット (iOS、Android)
※動作環境は問い合わせ先Webサイトをご確認ください。

費用 参考小売価格 16,800円+税

問い合わせ先 ソフトバンクコマース&サービス株式会社
　https://www.softbankselection.jp/sphero/
※本製品に関するお問い合わせは上記Webサイトのお問い合わせフォームで受け付けています。

---

[3] ロボット

14. アーテックロボ

MITメディアラボが開発したScratchをカスタマイズしたソフトウェアでプログラミングをし、それをベースにロボットを操作できます。そのため、Scratchに触ったことがある子どもたちは使いやすいと感じるはずです。自動ドアなどの自分の身近なものをつくってみる学習活動を推奨しています。

使い方案 ロボットをつくることと、プログラミングすることの2つの活動ができるので、算数、理科、社会、「総合的な学習の時間」など教科の目的に合わせた使い方ができるでしょう。

必要な準備 パソコン または タブレット

費用 [プログラミングスターターセット] 8,100円+税〜

問い合わせ先 株式会社アーテック
　http://www.artec-kk.co.jp/artecrobo
　[大阪] 072-990-5504 (教材事業部)
　[東京] 03-5208-1881 (教材事業部)

付録A　プログラミング教材一覧

[3] ロボット

15. Makeblock（メイクブロック）

ロボット教材の中では価格競争力があり、公式テキストも出版されている人気の教材です。Scratchベースでプログラミングできます。日本国内だけでなく、アメリカやヨーロッパ、アジアなど世界120ヵ国以上の教育機関で幅広く使用されています。

使い方案　汎用性の高い教材です。教師の創意工夫で、教科の中でもクラブ活動でも試せます。また、拡張モジュールが豊富に揃っているので、学年に合わせて幅広くカリキュラムを発展させていくことができます。

必要な準備　パソコン　または　タブレット
※Windows、iOS、Android、いずれの環境でも操作できます。※ソフトウェアはメーカーから無償で提供されています。

費　用　[mBot V1.1（Bluetoothバージョン）] 販売価格：14,000円＋税
[mBot V1.1（Bluetoothバージョン＋2.4Gワイヤレスモジュール セット）] 販売価格：16,500円＋税

問い合わせ先　Makeblock 正規ディストリビュータ　株式会社ニューシークエンスサプライ（略称：NSS）
　🌐 http://www.nssinc.co.jp/
　✉ info@nssinc.co.jp　📞 03-5758-7787（代）

---

[3] ロボット

16. 動かしてみよう！

Scratchベースでプログラミングができ、ロボットを動かせる学習ツール。プログラミング実行シミュレーターが付いています。ロボットに接続する前にプログラミング実行を確認できる、あったようでなかった教材です。子どもたちはロボットそのものに夢中になりがちですが、プログラミング的思考の1つであるトライアンドエラーを経験していくことができます。

使い方案　ロボットの組み立てに時間が掛からないため、ロボットプログラミングの中では比較的短時間でできます。また、練習問題で個人のレベルに合わせて学習でき、教育者が考えたオリジナル練習問題を作成・登録することもできます。

必要な準備　パソコン、タブレット
※動作環境は問い合わせ先Webサイトをご確認ください。

費　用　オープン価格

問い合わせ先　開発元：株式会社アバロンテクノロジーズ
　アイティオーエス株式会社
　🌐 http://avalontech.co.jp/toppage/m_concept/
　📞 03-6677-6789

［4］その他
17. GLICODE（グリコード）

グリコのお菓子を画像認識し、キャラクターを動かすことができるプログラミング教材です。例えば、ポッキーを右向きに置くと、キャラクターが右に動くなどの操作ができます。お菓子を使うので、子どもが楽しみながら取り組むことができます。iOS と Android のアプリで使用可能。

使い方案 まずはクラブ活動での使用がオススメです。学校で実施する際は、アレルギー対策として学習用キットでも体験させることができます。

必要な準備 スマートフォン または タブレット、グリコのお菓子（もしくは学習用キット）、お菓子を置くための白いシート
※動作環境は問い合わせ先 Web サイトをご確認ください。

費　　用 無料

問い合わせ先 江崎グリコ株式会社
🌐 http://cp.glico.jp/glicode/
✉ https://www.glico.com/jp/customer

［4］その他
18. Raspberry Pi（ラズベリーパイ）

Raspberry Pi 自体は児童が基本的なプログラミングを学ぶことを目的として開発されたコンピュータです。センサーや LED、スイッチを簡単に接続できるので、これらとプログラミングを組み合わせて自分で何かをつくる活動に最適です。

使い方案 センサーや LED と組み合わせ、小学 6 年生の理科の電気の学習などでの活用が想定できます。自由研究や校内の展覧会などで自由にものづくりをする際に適したコンピュータです。

必要な準備 パソコン

費　　用 実売価格 4,896 円＋税（Raspberry Pi3 モデル B：1 個）〜

問い合わせ先 アールエスコンポーネンツ
🌐 http://jp.rs-online.com/web/
📞 045-335-8888

［4］その他
19. IchigoJam（イチゴジャム）

日本で開発されたプログラミング初学者向けコンピュータです。自らパーツをハンダ付けするところから活動を始めるキットもあります。1,500円（＋税）という値段から、「イチゴ」ジャムというネーミングとなりました。日本で開発されたため、日本語での映像・スライド・事例が充実しています。

使い方案 プログラミングには、シンプルな英単語をつなげて命令を書く、BASIC（ベーシック）というプログラミング言語を使うため、不安な場合は地域のエンジニアなど外部の協力を得ながらやるとよいでしょう。

必要な準備 テレビ、ビデオ線、PS/2キーボード、電源、micro USB
※動作環境は問い合わせ先Webサイトをご確認ください。

費　用 ［プリント基板組み立てキット］実売価格1,500円＋税
［組み立て済み完成品］実売価格2,000円＋税

問い合わせ先 株式会社 jig.jp
🌐 http://ichigojam.net/
✉ ichigojam@jig.jp

---

［4］その他
20. Code Builder for Minecraft: Education Edition

子どもたちが大好きなゲーム「マインクラフト」の学校教育機関向け版（Office365 Educationの対象教育機関に提供）。プログラミング教育のツールとなる機能が盛り込まれています。自分たちのつくったキャラクターを動かして自由な世界観を表現できるので、子どもたちは夢中になって取り組みます。

使い方案 自由度が高い教材なので、教師の創意工夫で幅広く活用できます。また、3D画像なので4年生の「位置の表し方」の単元で活用できるのではないかと考えています。

必要な準備 Office 365 Education、パソコン（Windows 10　または　MacOS El Capitan以降）

費　用 1,500円＋税（教員1人当たり1年間、学校包括契約により在校児童生徒は追加費用なく利用可能）

問い合わせ先 日本マイクロソフト株式会社
🌐 http://aka.ms/mceej

付録B
新小学校学習指導要領と解説 ［抜粋］
――プログラミング教育の位置付け

※本付録は、文部科学省「小学校学習指導要領」「小学校学習指導要領解説」（http://www.mext.go.jp/a_menu/shotou/new-cs/1384661.htm）を抜粋・加工して作成したものです。

指導要領 小学校学習指導要領（平成29年3月公示）　　**解説** 小学校学習指導要領解説

指導要領 [p.5]

総則　第2の2の(1)
――学習の基盤となる資質・能力

第1章　総則 ＞ 第2 教育課程の編成 ＞ 2 教科等横断的な視点に立った資質・能力の育成 ＞ (1)

> (1) 各学校においては，児童の発達の段階を考慮し，言語能力，**情報活用能力**（情報モラルを含む。），問題発見・解決能力等の**学習の基盤となる資質・能力**を育成していくことができるよう，各教科等の特質を生かし，教科等横断的な視点から教育課程の編成を図るものとする。

解説

　本項は，児童の日々の学習や生涯にわたる学びの基盤となる資質・能力を，児童の発達の段階を考慮し，それぞれの教科等の役割を明確にしながら，教科等横断的な視点で育んでいくことができるよう，教育課程の編成を図ることを示している。学習の基盤となる資質・能力として，言語能力，情報活用能力，問題発見・解決能力等を挙げている。

　ア　言語能力
　　言葉は，児童の学習活動を支える重要な役割を果たすものであり，全ての教科等における資質・

能力の育成や学習の基盤となるものである。教科書や教師の説明，様々な資料等から新たな知識を得たり，事象を観察して必要な情報を取り出したり，自分の考えをまとめたり，他者の思いを受け止めながら自分の思いを伝えたり，学級で目的を共有して協働したりすることができるのも，言葉の役割に負うところが大きい。したがって，言語能力の向上は，児童の学びの質の向上や資質・能力の育成の在り方に関わる重要な課題として受け止め，重視していくことが求められる。

　言語能力を育成するためには，第1章総則第3の1(2)や各教科等の内容の取扱いに示すとおり，全ての教科等においてそれぞれの特質に応じた言語活動の充実を図ることが必要であるが，特に言葉を直接の学習対象とする国語科の果たす役割は大きい。今回の改訂に当たっては，中央教育審議会答申において人間が認識した情報を基に思考し，思考したものを表現していく過程に関する分析を踏まえ，創造的・論理的思考の側面，感性・情緒の側面，他者とのコミュニケーションの側面から言語能力とは何かが整理されたことを踏まえ，国語科の目標や内容の見直しを図ったところである。言語能力を支える語彙の段階的な獲得も含め，発達の段階に応じた言語能力の育成が図られるよう，国語科を要としつつ教育課程全体を見渡した組織的・計画的な取組が求められる。

　また，外国語科及び外国語活動は，学習対象とする言語は異なるが，言語能力の向上を目指す教科等であることから，国語科と共通する指導内容や指導方法を扱う場面がある。そうした指導内容や指導方法を効果的に連携させることによって，言葉の働きや仕組みなどの言語としての共通性や固有の特徴への気付きを促し，相乗効果の中で言語能力の効果的な育成につなげていくことが重要である。

（参考：言語能力を構成する資質・能力）

（知識・技能）

　言葉の働きや役割に関する理解，言葉の特徴やきまりに関する理解と使い分け，言葉の使い方に関する理解と使い分け，言語文化に関する理解，既有知識（教科に関する知識，一般常識，社会的規範等）に関する理解が挙げられる。

　特に，「言葉の働きや役割に関する理解」は，自分が用いる言葉に対するメタ認知に関わることであり，言語能力を向上する上で重要な要素である。

（思考力・判断力・表現力等）

　テクスト（情報）を理解したり，文章や発話により表現したりするための力として，情報を多面的・多角的に精査し構造化する力，言葉によって感じたり想像したりする力，感情や想像を言葉にする力，言葉を通じて伝え合う力，構成・表現形式を評価する力，考えを形成し深める力が挙げられる。

（学びに向かう力・人間性等）

> 言葉を通じて，社会や文化を創造しようとする態度，自分のものの見方や考え方を広げ深めようとする態度，集団としての考えを発展・深化させようとする態度，心を豊かにしようとする態度，自己や他者を尊重しようとする態度，自分の感情をコントロールして学びに向かう態度，言語文化の担い手としての自覚が挙げられる。
>
> 【中央教育審議会答申 別紙2－1】

イ　情報活用能力

　情報活用能力は，世の中の様々な事象を情報とその結び付きとして捉え，情報及び情報技術を適切かつ効果的に活用して，問題を発見・解決したり自分の考えを形成したりしていくために必要な資質・能力である。将来の予測が難しい社会において，情報を主体的に捉えながら，何が重要かを主体的に考え，見いだした情報を活用しながら他者と協働し，新たな価値の創造に挑んでいくためには，情報活用能力の育成が重要となる。また，情報技術は人々の生活にますます身近なものとなっていくと考えられるが，そうした情報技術を手段として学習や日常生活に活用できるようにしていくことも重要となる。

　情報活用能力をより具体的に捉えれば，学習活動において必要に応じてコンピュータ等の情報手段を適切に用いて情報を得たり，情報を整理・比較したり，得られた情報をわかりやすく発信・伝達したり，必要に応じて保存・共有したりといったことができる力であり，さらに，このような学習活動を遂行する上で必要となる情報手段の基本的な操作の習得や，プログラミング的思考，情報モラル，情報セキュリティ，統計等に関する資質・能力等も含むものである。こうした情報活用能力は，各教科等の学びを支える基盤であり，これを確実に育んでいくためには，各教科等の特質に応じて適切な学習場面で育成を図ることが重要であるとともに，そうして育まれた情報活用能力を発揮させることにより，各教科等における主体的・対話的で深い学びへとつながっていくことが一層期待されるものである。

　今回の改訂に当たっては，資質・能力の三つの柱に沿って情報活用能力について整理されている。情報活用能力を育成するためには，第1章総則第3の1(3)や各教科等の内容の取扱いに示すとおり，各学校において日常的に情報技術を活用できる環境を整え，全ての教科等においてそれぞれの特質に応じ，情報技術を適切に活用した学習活動の充実を図ることが必要である。

> （参考：情報活用能力を構成する資質・能力）
> （知識・技能）
> 　情報と情報技術を活用した問題の発見・解決等の方法や，情報化の進展が社会の中で果たす役割や影響，情報に関する法・制度やマナー，個人が果たす役割や責任等について，情報の科学的な理解に裏打ちされた形で理解し，情報と情報技術を適切に活用するため

に必要な技能を身に付けていること。

（思考力・判断力・表現力等）
　様々な事象を情報とその結びつきの視点から捉え，複数の情報を結びつけて新たな意味を見出す力や，問題の発見・解決等に向けて情報技術を適切かつ効果的に活用する力を身に付けていること。

（学びに向かう力・人間性等）
　情報や情報技術を適切かつ効果的に活用して情報社会に主体的に参画し，その発展に寄与しようとする態度等を身に付けていること。

【中央教育審議会答申 別紙3-1】

ウ 問題発見・解決能力

　各教科等において，物事の中から問題を見いだし，その問題を定義し解決の方向性を決定し，解決方法を探して計画を立て，結果を予測しながら実行し，振り返って次の問題発見・解決につなげていく過程を重視した深い学びの実現を図ることを通じて，各教科等のそれぞれの分野における問題の発見・解決に必要な力を身に付けられるようにするとともに，総合的な学習の時間における横断的・総合的な探究課題や，特別活動における集団や自己の生活上の課題に取り組むことなどを通じて，各教科等で身に付けた力が統合的に活用できるようにすることが重要である。

　ここに挙げられた資質・能力の育成以外にも，各学校においては児童の実態を踏まえ，学習の基盤作りに向けて課題となる資質・能力は何かを明確にし，カリキュラム・マネジメントの中でその育成が図られるように努めていくことが求められる。

指導要領 [p.8]

総則　第3の1の(3)のイ
―― コンピュータ等や教材・教具の活用，
　　コンピュータの基本的な操作やプログラミングの体験

第1章　総則 > 第3 教育課程の実施と学習評価
　　　 > 1 主体的・対話的で深い学びの実現に向けた授業改善 > (3)

(3) 第2の2の (1) に示す情報活用能力の育成を図るため，各学校において，コンピュータや情報通信ネットワークなどの情報手段を活用するために必要な環境を整え，これらを適切に活用した学習活動の充実を図ること。また，各種の統計資料や新聞，視聴覚教材や教育機器などの教材・教具の適切な活用を図ること。
あわせて，**各教科等の特質に応じて**，次の学習活動を計画的に実施すること。
ア　児童がコンピュータで文字を入力するなどの学習の基盤として必要となる情報手段の基本的な操作を習得するための学習活動
イ　児童が**プログラミングを体験**しながら，コンピュータに意図した処理を行わせるために必要な論理的思考力を身に付けるための学習活動

解説

児童に第1章総則第2の2(1)に示す情報活用能力の育成を図るためには，各学校において，コンピュータや情報通信ネットワークなどの情報手段及びこれらを日常的・効果的に活用するために必要な環境を整えるとともに，各教科等においてこれらを適切に活用した学習活動の充実を図ることが重要である。

また，教師がこれらの情報手段に加えて，各種の統計資料や新聞，視聴覚教材や教育機器などの教材・教具を適切に活用することが重要である。今日，コンピュータ等の情報技術は急激な進展を遂げ，人々の社会生活や日常生活に浸透し，スマートフォンやタブレットＰＣ等に見られるように情報機器の使いやすさの向上も相まって，子供たちが情報を活用したり発信したりする機会も増大している。将来の予測は困難であるが，情報技術は今後も飛躍的に進展し，常に新たな機器やサービスが生まれ社会に浸透していくこと，人々のあらゆる活動によって極めて膨大な情報（データ）が生み出され蓄積されていくことが予想される。このことにより，職業生活ばかりでなく，学校での学習や生涯学習，家庭生活，余暇生活など人々のあらゆる活動において，さらには自然災害等の非常時においても，そうした機器やサービス，情報を適切に選択・活用していくことが不可欠な社会が到来しつつある。

そうした社会において，児童が情報を主体的に捉えながら，何が重要かを主体的に考え，見いだした情報を活用しながら他者と協働し，新たな価値の創造に挑んでいけるようにするため，情報活用能力の育成が極めて重要となっている。第1章総則第2の2(1)に示すとおり，情報活用能力は「学習の基盤となる資質・能力」であり，確実に身に付けさせる必要があるとともに，身に付けた情報活用能力を発揮することにより，各教科等における主体的・対話的で深い学びへとつながっていくことが期待されるものである。今回の改訂においては，コンピュータや情報通信ネットワークなどの情報手段の活用について，こうした情報活用能力の育成もそのねらいとするとともに，人々のあらゆる活動に今後一層浸透していく情報技術を，児童が手段として学習や日常生活に活用できるようにするため，各教科等においてこれらを適切に活用した学習活動の充実を図ることとしている。

各教科等の指導に当たっては，教師がこれらの情報手段のほか，各種の統計資料や新聞，視聴覚教材や教育機器などの教材・教具の適切な活用を図ることも重要である。各教科等における指導が，児童の主体的・対話的で深い学びへとつながっていくようにするためには，必要な資料の選択が重要であり，とりわけ信頼性が高い情報や整理されている情報，正確な読み取りが必要な情報などを授業に活用していくことが必要であることから，今回の改訂において，各種の統計資料と新聞を特に例示している。これらの教材・教具を有効，適切に活用するためには，教師は機器の操作等に習熟するだけではなく，それぞれの教材・教具の特性を理解し，指導の効果を高める方法について絶えず研究することが求められる。

　また，小学校においては特に，情報手段の基本的な操作の習得に関する学習活動及びプログラミングの体験を通して論理的思考力を身に付けるための学習活動を，カリキュラム・マネジメントにより各教科等の特質に応じて計画的に実施することとしている。

　各教科等の学習においてコンピュータや情報通信ネットワークなどの情報手段を活用していくに当たっては，少なくとも児童が学習活動に支障のない程度にこれら情報手段の操作を身に付けている必要がある。このため，小学校段階ではそれらの情報手段に慣れ親しませることから始め，学習活動を円滑に進めるために必要な程度の速さでのキーボードなどによる文字の入力，電子ファイルの保存・整理，インターネット上の情報の閲覧や電子的な情報の送受信や共有などの基本的な操作を確実に身に付けさせるための学習活動を，カリキュラム・マネジメントにより各教科等の特質に応じて計画的に実施していくことが重要である。それとともに，文章を編集したり図表を作成したりする学習活動，様々な方法で情報を収集して調べたり比較したりする学習活動，情報手段を使った情報の共有や協働的な学習活動，情報手段を適切に活用して調べたものをまとめたり発表したりする学習活動などを充実していくことが重要である。その際，総合的な学習の時間の探究的な学習の過程において「コンピュータで文字を入力するなどの学習の基盤として必要となる情報手段の基本的な操作を習得し，情報や情報手段を主体的に選択し活用できるよう配慮すること」（第5章総合的な学習の時間第3の2(3)）とされていること，さらに国語科のローマ字の指導に当たってこのこととの関連が図られるようにすること（第2章第1節国語第3の2(1)ウ）とされていることなどを踏まえる必要がある。

　また，子供たちが将来どのような職業に就くとしても時代を越えて普遍的に求められる「プログラミング的思考」（自分が意図する一連の活動を実現するために，どのような動きの組合せが必要であり，一つ一つの動きに対応した記号を，どのように組み合わせたらいいのか，記号の組合せをどのように改善していけば，より意図した活動に近づくのか，といったことを論理的に考えていく力）を育むため，小学校においては，児童がプログラミングを体験しながら，コンピュータに意図した処理を行わせるために必要な論理的思考力を身に付けるための学習活動を計画的に実施することとしている。その際，小学校段階において学習活動としてプログラミングに取り組むねらいは，プログラミング言語を覚えたり，プログラミングの技能を習得したりといったことではなく，論理的思考力を育むとともに，プログラムの働きやよさ，情報社会がコンピュータをはじめとする情報技術によって支えられていることなどに気付き，身近な問題の解決に主体的に取り組む態度やコンピュータ等を上手に活用し

てよりよい社会を築いていこうとする態度などを育むこと，さらに，教科等で学ぶ知識及び技能等をより確実に身に付けさせることにある。したがって，教科等における学習上の必要性や学習内容と関連付けながら計画的かつ無理なく確実に実施されるものであることに留意する必要があることを踏まえ，小学校においては，教育課程全体を見渡し，プログラミングを実施する単元を位置付けていく学年や教科等を決定する必要がある。なお，小学校学習指導要領では，算数科，理科，総合的な学習の時間において，児童がプログラミングを体験しながら，論理的思考力を身に付けるための学習活動を取り上げる内容やその取扱いについて例示しているが（第2章第3節算数第3の2(9)及び同第4節理科第3の2(2)，第5章総合的な学習の時間第3の2(2))，例示以外の内容や教科等においても，プログラミングを学習活動として実施することが可能であり，プログラミングに取り組むねらいを踏まえつつ，学校の教育目標や児童の実情等に応じて工夫して取り入れていくことが求められる。

　また，こうした学習活動を実施するに当たっては，地域や民間等と連携し，それらの教育資源を効果的に活用していくことも重要である。

　第1章総則第2の2(1)においては，「情報活用能力（情報モラルを含む。）」として，情報活用能力に情報モラルが含まれることを特に示している。携帯電話・スマートフォンやＳＮＳが子供たちにも急速に普及するなかで，インターネット上での誹謗中傷やいじめ，インターネット上の犯罪や違法・有害情報の問題の深刻化，インターネット利用の長時間化等を踏まえ，情報モラルについて指導することが一層重要となっている。

　情報モラルとは，「情報社会で適正な活動を行うための基になる考え方と態度」であり，具体的には，他者への影響を考え，人権，知的財産権など自他の権利を尊重し情報社会での行動に責任をもつことや，犯罪被害を含む危険の回避など情報を正しく安全に利用できること，コンピュータなどの情報機器の使用による健康との関わりを理解することなどである。このため，情報発信による他人や社会への影響について考えさせる学習活動，ネットワーク上のルールやマナーを守ることの意味について考えさせる学習活動，情報には自他の権利があることを考えさせる学習活動，情報には誤ったものや危険なものがあることを考えさせる学習活動，健康を害するような行動について考えさせる学習活動などを通じて，児童に情報モラルを確実に身に付けさせるようにすることが必要である。その際，情報の収集，判断，処理，発信など情報を活用する各場面での情報モラルについて学習させることが重要である。また，情報技術やサービスの変化，児童のインターネットの使い方の変化に伴い，学校や教師はその実態や影響に係る最新の情報の入手に努め，それに基づいた適切な指導に配慮することが必要である。併せて児童の発達の段階に応じて，例えば，インターネット上に発信された情報は基本的には広く公開される可能性がある，どこかに記録が残り完全に消し去ることはできないといった，情報や情報技術の特性についての理解に基づく情報モラルを身に付けさせ，将来の新たな機器やサービス，あるいは危険の出現にも適切に対応できるようにすることが重要である。さらに，情報モラルに関する指導は，道徳科や特別活動のみで実施するものではなく，各教科等との連携や，さらに生徒指導との連携も図りながら実施することが重要である。

　情報手段を活用した学習活動を充実するためには，国において示す整備指針等を踏まえつつ，校内

のＩＣＴ環境の整備に努め，児童も教師もいつでも使えるようにしておくことが重要である。すなわち，学習者用コンピュータのみならず，例えば大型提示装置を各普通教室と特別教室に常設する，安定的に稼働するネットワーク環境を確保するなど，学校と設置者とが連携して，情報機器を適切に活用した学習活動の充実に向けた整備を進めるとともに，教室内での配置等も工夫して，児童や教師が情報機器の操作に手間取ったり時間がかかったりすることなく活用できるよう工夫することにより，日常的に活用できるようにする必要がある。

さらに，児童が安心して情報手段を活用できるよう，情報機器にフィルタリング機能の措置を講じたり，個人情報の漏えい等の情報セキュリティ事故が生じることのないよう，学校において取り得る対策を十全に講じたりすることなどが必要である。

加えて，情報活用能力の育成や情報手段の活用を進める上では，地域の人々や民間企業等と連携し協力を得ることが特に有効であり，プログラミング教育等の実施を支援するため官民が連携した支援体制が構築されるなどしていることから，これらも活用して学校外の人的・物的資源の適切かつ効果的な活用に配慮することも必要である。

指導要領［p.75］

算数　第3の2の（2）
―― コンピュータなどの活用

第2章　各教科 > 第3節　算数 > 第3 指導計画の作成と内容の取扱い
　> 2 第2の内容の取扱いについては，次の事項に配慮するものとする。 > (2)

(2) 数量や図形についての感覚を豊かにしたり，表やグラフを用いて表現する力を高めたりするなどのため，必要な場面においてコンピュータなどを適切に活用すること。また，第1章総則の第3の1の(3)のイに掲げるプログラミングを体験しながら論理的思考力を身に付けるための学習活動を行う場合には，児童の負担に配慮しつつ，例えば第2の各学年の内容の〔第5学年〕の「B図形」の(1)における正多角形の作図を行う学習に関連して，**正確な繰り返し作業**を行う必要があり，更に**一部を変える**ことでいろいろな正多角形を同様に考えることができる場面などで取り扱うこと。

解説

　算数科の指導においては，コンピュータや電卓などを用いて，データなどの情報を処理したり分類整理したり，表やグラフを用いて表現したり，図形を動的に変化させたり，数理的な実験をしたりするなど，それらがもつ機能を効果的に活用することによって，数量や図形についての感覚を豊かにしたり，表現する力を高めたりするような指導の工夫が考えられる。

　特に今回，統計的な内容を各学年で充実させているが，データを表に整理した後，いろいろなグラフに表すことがコンピュータなどを用いると簡単にできる。目的に応じて適切にグラフの種類や表現を変えることで，結論や主張点がより明確になる。このようなコンピュータなどを用いてグラフを作成するよさに触れることも大切である。

　また，身近なものにコンピュータが内蔵され，プログラミングの働きにより生活の便利さや豊かさがもたらされていることについて理解し，そうしたプログラミングを，自分の意図した活動に活用していけるようにすることもますます重要になっている。将来どのような職業に就くとしても，時代を超えて普遍的に求められる「プログラミング的思考」などを育むプログラミング教育の実施を，子供たちの生活や教科等の学習と関連付けつつ，発達の段階に応じて位置付けていくことが求められる。

　その際，小・中・高等学校を見通した学びの過程の中で，「主体的・対話的で深い学び」の実現に資するプログラミング教育とすることが重要である。小学校においては，教科等における学習上の必要性や学習内容と関連付けながらプログラミング教育を行う単元を位置付け，身近な生活でコンピュータが活用されていることや，問題の解決には必要な手順があることに気付くことを重視する。

　算数科において，プログラミングを体験しながら論理的思考力を身に付けるための活動を行う場合には，算数科の目標を踏まえ，数学的な思考力・判断力・表現力等を身に付ける活動の中で行うものとする。

　算数科においては，問題解決したのち，問題解決の仕方を振り返り，問題解決の方法をより簡潔・明瞭・的確なものに高めたり，それを手順としてまとめたりするという学習活動が多く行われる。例えば，整数などの計算の仕方を考えた後，計算の仕方を簡潔・明瞭・的確なものとしていく中で，筆算という形式で表し，計算の仕方を筆算の手順としてまとめていく。筆算として計算の仕方をまとめた後は，手順通りに間違いなく筆算を行うことが大切になる。これは技能である。このように算数科の学習は，問題の解決には必要な手順があることに気付くことに資するものである。

　「プログラミング的思考」とは，自分が意図する一連の活動を実現するために，どのような動きの組み合わせが必要か，どのように改善していけばより意図した活動に近づくのかということを論理的に考えていく力の一つである。

　算数科においては，「例えば第2の各学年の内容の〔第5学年〕の「B図形」の(1)における正多角形の作図を行う学習に関連して，正確な繰り返し作業を行う必要があり，更に一部を変えることでいろいろな正多角形を同様に考えることができる場面などで取り扱うこと。」と示されている。

　正多角形の学習では「正多角形は円に内接すること」を基に定規とコンパスなどを用いてかくことを指導する。コンピュータを用いると，「正多角形は全ての辺の長さや角の大きさが等しいこと」を

基に簡単にかつ正確にかくことができる。また，辺の長さや角の大きさを適切に変えれば，ほかの正多角形もすぐにかくことができる。

辺の長さ分だけ線を引き，角の大きさ分向きを変え，これらのことを繰り返すことで正多角形がかける。正方形は直角に向きを変えればよいが，正六角形は何度にすればいいのかを考えて目的に達することになる。動きを示す記号として「線を引く」「○度向きを変える」「繰り返す」など少ない記号を覚えれば，正多角形をかくことができるのである。

算数科ではこのような活動を行うことで，問題の解決には必要な手順があることと，正確な繰り返しが必要な作業をする際にコンピュータを用いるとよいことに気付かせることができる。

指導要領 ［p.93］

理科　第3の2の（2）
―― コンピュータや情報通信ネットワークなどの活用

第2章　各教科 ＞ 第4節　理科 ＞ 第3 指導計画の作成と内容の取扱い
　＞ 2 第2の内容の取扱いについては，次の事項に配慮するものとする。 ＞ (2)

(2) 観察，実験などの指導に当たっては，指導内容に応じてコンピュータや情報通信ネットワークなどを適切に活用できるようにすること。また，第1章総則の第3の1の(3)のイに掲げるプログラミングを体験しながら論理的思考力を身に付けるための学習活動を行う場合には，児童の負担に配慮しつつ，例えば第2の各学年の内容の〔第6学年〕の「A物質・エネルギー」の(4)における電気の性質や働きを利用した道具があることを捉える学習など，**与えた条件に応じて動作**していることを考察し，更に**条件を変えることにより，動作が変化する**ことについて考える場面で取り扱うものとする。

解説

観察，実験などの指導に当たっては，直接体験が基本であるが，指導内容に応じて，適宜コンピュータや情報通信ネットワークなどを適切に活用することによって学習の一層の充実を図ることができる。

コンピュータや視聴覚機器などで扱われる映像などの情報については，それぞれの特性をよく理解し，活用することが大切である。また，学習を深めていく過程で，児童が相互に情報を交換したり，説明したりする手段として，コンピュータをはじめとする様々な視聴覚機器を活用することが考えら

れる。これらの機器の特性を踏まえて効果的に活用することにより、理科において育成を目指す資質・能力の実現を図ることができると考えられる。なお、これらの機器を活用する場合は、その操作について適切な指導を心掛けることが必要である。

「プログラミングを体験しながら論理的思考力を身に付けるための学習活動」については、第1章総則第3の1(3)イに掲げられているとおり、小学校段階において体験し、その意義を理解することが求められている。そこでは、意図した処理を行うよう指示することができるといった体験を通して、身近な生活でコンピュータが活用されていることや、問題の解決には必要な手順があることに気付くことを重視している。

理科において、これらの活動を行う場合には、児童への負担に配慮しながら、学習上の必要性や学習内容との関連付けを考えて、プログラミング教育を行う単元を位置付けることが大切である。視聴覚機器の有効活用といった観点と同様に、プログラミングの特性を踏まえて、効果的に取り入れることにより、学習内容と日常生活や社会との関連を重視した学習活動や、自然の事物・現象から見いだした問題を一連の問題解決の活動を意識しながら論理的に解決していく学習活動などが充実すると考えられる。

指導要領［p.163］

総合的な学習の時間　第3の2の（9）
―― 探究的な学習の過程に位置付くプログラミング体験

第5章　総合的な学習の時間 ＞ 第3 指導計画の作成と内容の取扱い
　　＞ 2 第2の内容の取扱いについては、次の事項に配慮するものとする。 ＞ (9)

(9) 情報に関する学習を行う際には、**探究的な学習**に取り組むことを通して、情報を収集・整理・発信したり、情報が日常生活や社会に与える影響を考えたりするなどの学習活動が行われるようにすること。第1章総則の第3の1の(3)のイに掲げるプログラミングを体験しながら論理的思考力を身に付けるための学習活動を行う場合には、プログラミングを体験することが、**探究的な学習の過程に適切に位置付く**ようにすること。

解説

現代社会は高度に情報化した社会と言われている。多様で大量な情報が、瞬時に世界に広がる。また、

身の回りには様々な情報があふれ，それらを適切に処理し活用する資質・能力の育成が求められている。このような時代に，総合的な学習の時間において，横断的・総合的な課題として情報に関する課題を扱い，その課題を探究的な学習の過程を通して取り組んでいくことには大きな意義がある。

　ここでは，探究的な学習に取り組むことを通してとあるように，電話，ＦＡＸ，コンピュータ（タブレット端末を含む），校内ＬＡＮ，インターネット，デジタルカメラなどの情報手段を活用する必然性が伴う学習活動を行うことが重要であり，その過程において，情報手段の操作の習得も自然と行われるようにすることが望まれる。

　情報を収集・整理・発信したりすることについては，本章の２（３）においても述べたように，探究的な学習の目的に応じて，図書やインターネットを活用したり，適切な相手を見付けて問合せをしたりして，学習課題に関する情報を幅広く収集し，それらを整理・分析して自分なりの考えや意見をもち，それを探究的な学習の目的に応じて身近な人にプレゼンテーションしたり，インターネットを使って広く発信したりするような，コンピュータや情報通信ネットワークなどを含めた多様な情報手段を，目的に応じて効果的に選択し活用する学習活動のことを指している。

　情報が日常生活や社会に与える影響を考えたりすることについては，総合的な学習の時間の学習課題の例として，探究的な学習の過程において，情報技術の進化によって日常生活や消費行動がどのように変化したのか，社会がどのように豊かになったのかといったことを取り上げることが考えられる。同時に，日常生活にどのような新たな危険や困難がもたらされているのか，社会にどのような新しい問題が起きているのかを考えることも重要である。これらの情報技術の進化が我々の生活や社会にもたらす恩恵と問題を考えることを通して，今後の情報技術の進化に併せて，自分たちは将来，どのような生活を送り，どのような社会を築くことが望まれるのか，将来にわたる自分の生き方を見つめ考える契機とすることが大切である。あわせて，児童自身が情報を収集・整理・発信する活動を通して，未成年であっても情報社会の一員として生活しているという自覚を促し，発信情報に責任をもつなどの意識をもたせる必要もある。

　その中で，自分自身が危険に巻き込まれないことや情報社会に害を及ぼさないことなどの情報モラルについても，機を見て丁寧に指導する必要がある。例えば，電子掲示板を用いてみんなで調べたことを教え合うような学習活動では，相手を中傷するような書き込みが時折見られることがある。そのような場面を捉えて，なぜそれがいけないのか，どのようなことに発展する可能性があるのかなどを討論するようなことが考えられる。このように情報モラルを取り扱う場合には，児童自らの具体的で身近な素材を取り上げ，情報に関わる際の望ましい姿勢や態度，ならびに情報活用の方法などについて，自分のこととして見つめ直し考えさせることを通して，情報モラルを確実に身に付けさせることが望まれる。

　プログラミングを体験しながら論理的思考力を身に付けるための学習活動については，第１章総則の第３の１の(3)のイに掲げられているとおり，総合的な学習の時間のみならず，算数科や理科をはじめとして各教科等の特質に応じて体験し，その意義を理解することが求められている。なお，プログラミングを体験しながら論理的思考力を身に付けるための学習活動を，どの教科等において実施する

かということについては，各学校が教育課程全体を見渡し，プログラミングを体験する単元を位置付ける学年や教科等を決定していく必要がある。

そこでは，子供たちに，プログラミングにより意図した処理を行うよう指示することができるということを体験させながら，身近な生活でコンピュータが活用されていることや，問題の解決には必要な手順があることに気付き，発達の段階に即して論理的思考力を育成し，コンピュータの動きをよりよい人生や社会づくりに生かそうとする態度を涵養することが挙げられる。

プログラミングを体験しながら論理的思考力を身に付けるための学習活動とは，子供たちが将来どのような職業に就くとしても，時代を超えて普遍的に求められる力としての「プログラミング的思考」の育成を目指すものであり，プログラミングのための言語を用いて記述する方法（コーディング）を覚え習得することが目的ではない。「プログラミング的思考」とは，自分が意図する一連の活動を実現するために，どのような動きの組み合わせが必要か，どのように改善していけばより意図した活動に近づくのかということを論理的に考えていく力の一つである。このような思考力は，プログラミングに携わる職業を目指す児童にだけ必要な力ではなく，どのような進路を選択し，どのような職業に就くとしても，これからの時代において共通に求められる力であると考えられる。

特に総合的な学習の時間においては，プログラミングを体験しながら論理的思考力を身に付けるための学習活動を行う場合には，プログラミングを体験することだけにとどまらず，情報に関する課題について探究的に学習する過程において，自分たちの暮らしとプログラミングとの関係を考え，プログラミングを体験しながらそのよさや課題に気付き，現在や将来の自分の生活や生き方と繋げて考えることが必要である。例えば，プログラミングを体験しながら，生活を便利にしている様々なアプリケーションソフトはもとより，目に見えない部分で，様々な製品や社会のシステムなどがプログラムにより働いていることを体験的に理解するようにすることが考えられる。

例えば，カプセルトイの販売機とジュースの自動販売機を比べてみる。カプセルトイの販売機に比べ，ジュースの自動販売機は何が起きているのか分からない。お金を入れボタンを押すことで，選んだジュースとおつりが出る。自動販売機の中では何が起きているのだろう。子供たちは自動販売機の中で「プログラム」が動いていることを知り，身近な生活の中には，プログラムで動いていると想像されるものがたくさんあることに気付く。ここでジュースの自動販売機の中で起きていることをプログラミングする体験を取り入れることによって，プログラムは「機械の中にあるもの」，「機械に人間が考えた動きをさせるための命令であること」，「効率的に，順序立てた命令文の積み重ねであること」などを理解する。

身近にプログラムで動いているものに関心をもった児童は，電気・水道・公共交通機関などのライフラインを維持管理するためにもプログラムが働いていることや，ＡＩ（人工知能）やビッグデータの活用，ロボットの活用によって，私たちの生活がより快適になり効率的になっていることにも気付いていくことが考えられる。

それらのプログラムの恩恵だけではなく，プログラムを悪用したコンピュータウイルスやネット詐欺などの存在にも触れることで，様々な新たな技術が開発され自分たちの身近な存在になる一方，「人

問うとはなにか」、「人間にとってなにかとはどのように暮らしていけばいいのだろうか」、「人間とはなにか」、総称的な活動を考えることも期待できる。

この重要例からわかるように、総合的な学習の時間においてプログラミングを体験することは、それが探究的な学習の過程に適切に位置付けられていることがかかせない。そうしたプログラミングを体験しながら、課題的解決に必要な情報活用力能力を身に付けるための学習活動であって、その学習活動を行うことによってプログラミング言語を用いてプログラミングを行なわなければならないとかということではない。単元の学習過程を通し、各教科の学習などとも関連付け、指導計画の位置付け。また、そのためにプログラミングを構成したり、指示文を書いていて使用できるようにしたり、指示文を重ねて構成したり、単体物の描画や体験を通して理解が深まることを種類をもちなが考えようとする態度を育成したりする。

与えられる。

先生のための小学校プログラミング教育がよくわかる本

2017年8月7日	初版第1刷発行
2020年2月15日	初版第3刷発行

著者	利根川 裕太
	佐藤 智
監修	一般社団法人みんなのコード
発行人	佐々木 幹夫
発行所	株式会社 翔泳社（https://www.shoeisha.co.jp）
印刷・製本	株式会社 ワコン
イラスト	なかだ ちさこ
デザイン	渡邊 民人（TYPEFACE等）
写真	林 將（写真事務所）
	（文部科学省教育課程課撮影インタビュー）

©2017 Yuta Tonegawa / Tomo Sato

●本書は著作権法上の保護を受けています。本書の一部あるいは全部について、株式会社翔泳社から文書による許諾を得ずに、いかなる方法においても無断で複写、複製することは禁じられています。
●本書へのお問い合わせについては、次項の内容をお読みください。
●落丁・乱丁はお取り替えいたします。03-5362-3705までご連絡ください。

ISBN978-4-7981-5074-1 Printed in Japan

本書購入特典のご案内はこちらから！

https://www.shoeisha.co.jp/book/campaign/teacher

監修 …… 一般社団法人みんなのコード（https://code.or.jp/）

『すべての子どもがプログラミングを楽しむ国』をミッションの下、2020年度から必修化される小学校でのプログラミング教育に、子どもたちがプログラミングを楽しめる授業が日本中に広まるよう、学校の先生への支援・活動を広げながら活動しています。2015年設立。本社：東京都渋谷区。

著者 ……

利根川 裕太（とねがわ ゆうた）

一般社団法人みんなのコード 代表理事。慶應義塾大学経済学部卒業後、森ビル株式会社を経て2011年よりラクスル株式会社の創業を経験。2014年Hour of Codeのボランティアで小学校プログラミング教育の必要性を認識。2015年7月に一般社団法人みんなのコードを設立し代表に就任。2016年、文部科学省「小学校段階における論理的思考力や創造性、問題解決能力等の育成とプログラミング教育に関する有識者会議」委員。2017年、東京都、「産学官連携による児童・生徒等の学校教育等の充実に関する協定」委員。

佐藤 智（さとう とも）

横浜国立大学大学院教育学研究科修士課程修了。教育書籍の出版社、ビジネス系出版社にて編集業を経た後、独立。学校現場を取材するとともに、ベネッセ「教育情報サイト」、朝日新聞社「EduA」の連載を持つ。その傍ら、株式会社レゾンクリエイトの取締役兼エディターとして、『先生のための教科書』（翔泳社など）の書籍・教育関連などの編集を行う。2017年、教育新聞社と多くの取材案件を持つ。

ご質問に際してのご注意

本書に関するご質問は、記載内容についてのみとさせていただきます。本書の内容と関係のないご質問につきましては、いっさいお答えできませんので、あらかじめご了承ください。また、電話でのご質問は受け付けておりませんので、本書サポートページに記載しております「お問い合わせフォーム」よりお送りください。

〒160-0006
東京都新宿区舟町5 (株) 翔泳社 愛読者サービスセンター
FAX番号：03-5362-3818

送付先住所
本書内容に関するご質問につきましては、封書あるいはFAX、または電子メールにて、下記にお問い合わせください。
なお、電話によるご質問および本書に記載されている内容以外のご質問には、いっさいお答えできません。あらかじめご了承ください。

刊行物Q&A https://www.shoeisha.co.jp/book/qa/
正誤表 https://www.shoeisha.co.jp/book/errata/

※本書の出版にあたっては正確な記述につとめましたが、著者や出版社などのいずれも、本書の内容に対してなんらかの保証をするものではなく、内容やサンプルに基づくいかなる運用結果に関してもいっさいの責任を負いません。
※本書に記載されたURL等は予告なく変更される場合があります。
※本書に記載されている会社名、製品名はそれぞれ各社の商標および登録商標です。
※本書では™、®、©は割愛されています。